"上海预防中小学生欺凌三年专项计划"成果系列丛书

学生欺凌预防教育指南

（初中版）

指导单位：上海市教育委员会

上海预防中小学生欺凌三年专项计划

（2021-2023）项目组 编

上海人民出版社

上海预防中小学生欺凌
三年专项计划（2021—2023）

项目组成员

彭文华　　　任海涛　　　程福才　　　田相夏

李友权　　　乔俊君　　　吕小红　　　周　颖

徐一叶　　　崔仕秀　　　陈仁鹏

《初中版》编写组

主　编：任海涛

副主编：竺小缘　　　程迎红　　　吴文静

前言

"孩子们成长得更好，是我们最大的心愿。"这是习近平总书记心中最温柔的牵挂。党的十八大以来，以习近平同志为核心的党中央从党和国家事业发展的战略全局出发，高度重视未成年学生工作，亲切关怀未成年学生的健康成长，高度重视校园安全工作，强调要为学校办学安全托底，解决学校后顾之忧，维护老师和学校应有的尊严，保护学生生命安全。

上海一直高度重视学校安全工作，高度重视学生欺凌的防治工作。总体来看，当前上海中小学校园安全有序，但学生欺凌防治工作仍然不可放松。为进一步完善上海中小学生欺凌防治工作机制，受上海市教育委员会委托，上海政法学院牵头成立"上海预防中小学生欺凌三年专项计划（2021— 2023 年）"（以下简称"专项计划"）项目组，华东师范大学、华东政法大学、上海社会科学院社会学研究所等专业力量共同参与，开展为期三年的专项研究与实践，促进上海进一步构建融师资培训、工作指导、事件处置等于一体的预防中小学生欺凌长效机制。《学生欺凌预防教育指南》包括小学低年级、小学中高年级、初中、高中、中等职业学校五个分册。本分册为《学生欺凌预防教育指南（初中版）》，服务于初中学生的学生欺凌防治教育。

《学生欺凌预防教育指南（初中版）》是系列教材的承上启下之作，旨在为初中阶段的学生、家长、教师和教育管理工作者提供科学、系统的欺凌预防指导。初中生正处于身心发展的关键时期，人生观、价值观逐步形成，独立意识不断增强。但处于青春期的他们情绪波动较大，认知能力和自控能力尚不成熟，面对复杂的人际关系和成长困惑，亟需获得对学生欺凌的清晰认知、实用的应对策略，以及积极的情感支持，从而建立自信，学会尊重与包容他人。

本书在内容编排上兼顾知识性与实践性，力求以简明易懂的方式帮助教师带领学生全面了解欺凌、应对欺凌。前五讲聚焦学生欺凌的核心概念，从定义、类型、危害到欺凌者与旁观者的行为分析，层层递进，结合真实案例和情景模拟，引导学生识别欺凌行为，理解其负面影响，掌握基本应对原则。后五讲则针对初中生常见的欺凌场景展开，深入探讨肢体欺凌、言语欺凌、财物欺凌、社交欺凌及网络欺凌的具体表现形式与应对方法，帮助教师指导学生掌握具体可操作的自护技巧和求助路径，让学生从"知"到"行"，提升自我保护能力。

本分册编写团队充分结合初中生的认知特点与成长需求，在内容中融入了大量贴近学生日常生活的案例分析和思考练习，同时强调家校协同，鼓励学生主动与家长、教师沟通，构建多维支持网络。书中还特别关注青春期学生的心理特点，通过剖析欺凌行为背后的心理动因，引导学生培养同理心与责任感，学会以理性、友善的态度处理冲突，树立正确的社交观念。

学生欺凌防治教育不仅是校园安全基石的构成部分，更承担着培养健全人格、培育新时代合格公民的重要任务。初中阶段的人格教育尤为关键——学生在此时形成的价值观与行为习惯，深刻影响其未来的人际关系与社会适应能力。本书不仅着眼于当下学生欺凌的预防与干预，更希望为学生的长远发展奠定基础：通过增强其法律意识、道德判断力，帮助其在未来的人生中守护自身权益、明晰相处边界、勇敢面对挑战、智慧化解矛盾。

　　我们相信，当学校、家庭与社会共同携手，以科学的教育理念和持续的行动投入学生欺凌防治工作，必将为青少年营造更加安全、温暖的成长环境。每一位接受过系统性欺凌防治教育的初中生，也将成为传递善意、守护公正的种子，在未来生根发芽，为社会注入更多正向能量。

　　本分册主编由华东师范大学法学院教授、博士生导师任海涛（负责大纲编制、统稿工作）担任。华东师范大学法学院博士生刘扬负责撰写第一、二讲，华东政法大学教育法研究院博士生胡新瑞负责撰写第三、九、十讲，华东政法大学教育法研究院博士生竺小缘负责撰写第四至八讲，上海市黄浦区重庆北路小学原校长程迎红、上海市西南工程学校教师吴文静参与统稿工作和部分章节的案例改写工作。华东师范大学第四附属中学教师朱萍、康望晶、池梦丹参与部分章节案例改写工作。

目 录
contents

人物介绍

曹老师

班主任，20多岁，非常有亲和力，善于理解学生感受，能够从学生角度出发帮助解决同伴关系。

小楠

班长，与同学们相处融洽，富有正义感，同学间发生矛盾时，经常作为中间人进行调解。

小宇

身材瘦小，性格内向，比较自卑，沉默寡言。

欣欣

性格开朗，在班级里朋友很多，当同学受到欺负时，能挺身而出进行制止。

小燕

脾气温和，害怕与人发生冲突，当自己受到言语羞辱、网络诽谤时，选择忍气吞声。

大名

体格强壮，性格霸道，是学校的体育特长生，认为自己是老大，与要好的同学称兄道弟，经常对周围人和低年级同学实施欺凌。

小吴

大名的好朋友，协助大名实施欺凌，常常在一边煽风点火，帮大名放哨，录制相关视频并传播到社交媒体。

小霞

性格强势，做事喜欢周围有人响应，经常孤立与自己关系不好的同学，有时在社交媒体上侮辱和诽谤其他同学。

小菲

与小霞是好朋友，为了与小霞维持关系，时常帮助小霞孤立、言语嘲讽他人。

学生欺凌的定义及角色

课程导读

学生在校期间，可能被故意排挤、嘲笑，甚至受到身体伤害。这些行为在学校里并不少见，但它们产生的影响常被忽视，个别老师甚至消极处理这类事件。这种故意伤害或排斥他人的行为可能涉嫌"学生欺凌"。学生欺凌不仅是个别事件，还涉及多个角色：欺凌者、被欺凌者、欺凌协助者、旁观者。本讲将探讨学生欺凌的定义，以及各个角色在学生欺凌事件中的作用。

情景引入

小宇是班上一个性格内向的学生。他在课堂上很少发言，课间也常独自一人。大荣等几名同学开始在课后嘲笑他，说他"太怪异"，经常把午餐后废弃的纸巾放进小宇书包，公开叫他"怪味豆"。有的同学看到后默默走开，有的同学则在一边讥笑，甚至为此拍手叫好。小宇感到非常屈辱，开始变得越来越沉默，甚至有时不愿意来学校。

想一想

1. 小宇是否受到了学生欺凌？

2. 这里有哪些不同的角色？他们分别采取了什么行动？

一、什么是学生欺凌

在学校生活中，学生之间的关系比较复杂。究竟应当如何判断两个人之间形成了学生欺凌，是许多老师在实践中非常头疼的问题。《中华人民共和国未成年人保护法》第一百三十条第三项规定将学生欺凌定义为："学生欺凌，是指发生在学生之间，一方蓄意或者恶意通过肢体、语言及网络等手段实施欺压、侮辱，造成另一方人身伤害、财产损失或者精神损害的行为。"

1. 发生在学生之间

学生欺凌发生于在校学生之间，可能出现在同班同学之间，也可能发生在不同年级或不同班级的学生之间，还可能发生在就读于不同学校的学生之间。在我国学校就读的外国学生、无国籍学生也可能成为学生欺凌事件中的主体。

教师对学生实施教育惩戒、社会人员与学生间发生冲突等情形，不能被称为"学生欺凌"。

2. 实施欺凌一方存在恶意

学生欺凌不是无意的行为。当一个人实施学生欺凌时，通常带着明确的目的或者恶意的动机，也就是他们故意想让别人受到伤害。同学之间也可能在无意中造成伤害，如果主观上并没有伤害对方的意图，此类情形就不是学生欺凌，但同样要根据伤害的情形进行严肃处理。

主观上的想法通常难以衡量，因此还要结合一些客观背景，从多个方面进行综合评判。比如平时两者的关系怎样、两者的性格如何、事情发生的背景、受伤害的程度等。

3. 欺凌行为造成了伤害

学生欺凌会对被欺凌者造成多方面的损害：身体上的伤害是最直接的，例如被推倒、打伤等；欺凌者可能会破坏、强拿硬要被欺凌者的个人财物，造成财产损失；更为重要的是，欺凌会给被欺凌者的心理和精神状态带来深远的影响，被欺凌者可能因此产生恐惧、焦虑，失去自信，甚至影响到日常学习和生活，这种精神上的压力如果长期存在，很有可能会导致严重的心理问题。

二、学生欺凌的角色

```
                学生欺凌中的角色

  被欺凌者      欺凌者      欺凌协助者      旁观者

                     附和者          保护者      局外人
                  （又称助推者）
```

实施欺凌的一方，一般被称为"欺凌者"；遭受欺凌的一方，一般被称为"被欺凌者"；帮助欺凌者实施欺凌行为的同学属于"欺凌协助者"；在旁边观看的同学，看似与欺凌事件没有直接联系，一般被称为"旁观者"，其中又可以细分为"附和者""保护者"和"局外人"，"保护者"是积极作为的旁观者，"附和者"和"局外人"是消极作为的旁观者。欺凌协助者和旁观者在学生欺凌事件中会起到重要作用。

1. 欺凌者

欺凌者指学生欺凌行为的主动发起方或主导方，通常会带领其他同伴一起实施欺凌，在整个过程中处于强势的一方。

在欺凌事件中，欺凌者的行为往往带有很强的攻击性，比如暴力殴打、威胁、恐吓他人，或者通过语言、文字、图画或者网络来侮辱、排斥、戏弄或骚扰他人。这些行为可以是直接的，比如肢体攻击；也可以是间接的，比如私下议论、诽谤他人或者在网上散布谣言。

2. 被欺凌者

被欺凌者指学生欺凌中的受害者，是承受欺凌行为的一方，可能会遭受人身伤害、财产损失或精神损害。

被欺凌者往往性格较为内向，人际交往能力一般。他们常常不善于表达自己的感受，遇到问题时倾向于沉默忍受，而不是寻求帮助。

被欺凌者的这些特征，使他们在遭遇欺凌时往往不会选择正面对抗，而是不予理会或者迅速逃离现场。被欺凌者由于害怕被同学歧视或孤立，常常不愿承认自己被欺凌，有时甚至故意隐瞒事实。这种行为增加了欺凌事件被及时发现和干预的难度，也会使得他们更加孤立和无助。

3. 欺凌协助者

欺凌协助者是直接参与到欺凌事件中的人，为欺凌者提供不同形式的帮助。

欺凌协助者的协助行为可以分为"直接协助"和"间接协助"两种方式：直接协助指欺凌协助者采取了具体行动，帮助欺凌者伤害被欺凌者，比如帮助欺凌者控制住被欺凌者，防止其逃跑，或者参与推搡、打骂对方；间接协助则是欺凌协助者没有直接参与欺凌行为，但通过其他方式提供帮助，比如在一旁放哨，帮忙拍摄欺凌的照片或视频等。

欺凌协助者与欺凌者的区别在于，欺凌协助者通常是临时起意加入的，并不是一开始就有欺凌他人的想法。然而如果欺凌协助者的行为十分恶劣，对被欺凌者造成严重伤害，那么他们就有可能转化为"欺凌者"，比如积极帮助欺凌者实施殴打、侮辱等行为。

4. 旁观者

（1）附和者

附和者也称"助推者"，没有直接参与欺凌，但对欺凌行为持鼓励态度，是支持欺凌者的一方。

当学生欺凌发生时，附和者会在旁边观看、笑着起哄或者大声喊叫，为欺凌者助威。虽然附和者没有像欺凌协助者那样直接参与到欺凌事件中，但他们的态度和行为给欺凌者提供了心理支持，助长了欺凌者的气焰，有时这种行为会让欺凌行为变得更加严重。

（2）保护者

保护者指主动站出来帮助被欺凌者，为被欺凌者提供支持的人。

保护者具有很强的正义感和责任心，不会对欺凌行为视而不见，是支持被欺凌者的一方。他们会在确保自身安全的前提下尝试制止欺凌者的行为，比如直接劝阻欺凌者，或者赶紧报告老师等。保护者还会在事后安慰被欺负的同学，给予他们支持和帮助。

（3）局外人

局外人指在欺凌事件发生时在一旁沉默观看或静静走开，不采取任何行动的人。

局外人是欺凌事件的中立方，他们可能心里并不赞同欺凌行为，但是并未采取任何行动。他们的沉默和不作为，实际上会间接地促使欺凌行为的发生或者继续发展。欺凌者看到他人无动于衷，可能会做得更加过分；而被欺凌者可能觉得自己得不到任何帮助，因而感到更加无助和羞耻。

案例解析

在一次跨学科项目化学习中，小宇因为没有完成自己负责的环节，导致整个小组没能提交成果。此后小宇被孤立，大名等几个同学开始有意无意地不和小宇说话，故意不带他参加课间活动。

渐渐地，还有一些同学也不愿意再和小宇一起玩或讨论问题，小宇越来越孤独。

大名等同学开始公开嘲笑小宇的学习成绩，还给他取了几个难听的绰号，讽刺他的穿着，说他是"笨蛋""脑坑坑"，小宇试图反驳，但无济于事。这些都让他越来越自卑，越来越害怕在班级内发言。

随着时间的推移，有些同学的行为变得更加恶劣。一天放学后，大名带着一些同学故意拦住小宇，先是用力推，然后动手打，并威胁如果告诉老师，后果会更糟。小宇感到身心俱疲，精神压力很大，对上学也产生了恐惧。小楠得知事情经过后，带着小宇找到了班主任曹老师反映情况。经过调查后，大名等同学受到了应有的教育惩戒和处分，并公开向小宇道歉。

请分析，本案例中是否存在学生欺凌？其发展脉络是怎样的？

法条链接

《中华人民共和国未成年人保护法》第一百三十条第三款

学生欺凌，是指发生在学生之间，一方蓄意或者恶意通过肢体、语言及网络等手段实施欺压、侮辱，造成另一方人身伤害、财产损失或者精神损害的行为。

《未成年人学校保护规定》第二十一条第二款

学生之间，在年龄、身体或者人数等方面占优势的一方蓄意或者恶意对另一方实施前款行为，或者以其他方式欺压、侮辱另一方，造成人身伤害、财产损失或者精神损害的，可以认定为构成欺凌。

课后练习

1. 怎样判断某个同学是否实施了学生欺凌？用自己的话概述一下判断标准。

2. 你是否曾看到或听说过学生欺凌事件？如果有，请简要描述这个事件的大致经过。试着分析该事件中的欺凌者、被欺凌者、欺凌协助者、附和者、局外人或保护者。

课程导读

　　学生欺凌不仅仅是简单的打闹或嘲笑，它可以具体体现为不同的形式。常见的欺凌类型包括肢体欺凌、言语欺凌、财物欺凌、社交欺凌、网络欺凌及性欺凌。上述几种类型的欺凌可能单独出现，也可能同时出现。本讲将深入分析不同形式的欺凌，以更好地识别问题，及时进行有针对性的干预。

情景引入

　　小燕正坐在教室里安静地吃午饭，小霞走过来故意把她的饭盒碰倒在地，并嘲笑她说："哦呦，不小心碰到了！我帮你扔垃圾桶吧。不过你这体型，还吃这么多，正好减减肥！"另一个同学小菲还画了小燕在垃圾桶捡饭盒的漫画，并配上了侮辱性的文字在班级群里散播，同学们纷纷转发和评论。

　　后来无论是课间活动还是小组讨论时，大家都故意忽视小燕，这让她感到自己像是一个"透明人"，其性格也变得越来越孤僻。

想一想

　　1.小燕一共受到了几种学生欺凌？

　　2.小燕遭受的学生欺凌分别是哪些形式？

在上述情境中，小燕受到了财物欺凌、言语欺凌、网络欺凌和社交欺凌。可以发现，学生欺凌会引起连锁反应，一次欺凌事件就可能牵涉多种类型的欺凌。

一、肢体欺凌

肢体欺凌指对特定人的身体进行攻击。肢体欺凌是严重程度最高的一种欺凌方式，也最受老师和同学的关注。可能构成肢体欺凌的主要表现是：

第一，主动攻击身体，比如打人、踢人、扇巴掌、推搡、用力摇晃别人、朝别人吐口水等。

第二，逼迫他人进行自我侮辱和自我攻击，比如吃脏东西、剪头发，或者伤害自己的身体。

肢体欺凌不仅会让特定人受到身体伤害，还可能让他们感到非常自卑、害怕，影响心理健康。有些特别严重的肢体欺凌可能涉及民事侵权，甚至可能涉嫌犯罪。可见肢体欺凌的危害远远超出想象，绝不能容忍。

二、言语欺凌

通过语言来攻击特定人，比如骂人、吓唬人、嘲笑他人的外貌身材或者家庭情况，甚至给特定人取难听的绰号等，就可能构成言语欺凌。言语的攻击虽然不会直接让人身体受伤，但会让特定人感到难过、自卑，觉得自己不被尊重。随着该行为的持续发生，特定人可能会变得不愿意跟别人说话，性格变得孤僻，甚至对生活和学习失去兴趣，留下很深的心理创伤。

三、财物欺凌

故意损坏特定人的个人物品，或者强迫他们交出钱财，就可能构成财物欺凌。比如故意打烂文具、撕坏对方的衣服，甚至破坏手机、平板电脑等电子设备。有时，特定人还会被威胁交出或被抢走零花钱或一些贵重物品。

四、社交欺凌

通过操纵人际关系，恶意排斥、孤立，使特定人无法进行正常的社会交往或者参加学校活动，就可能构成社交欺凌。欺凌者联合其他学生群体不与特定人说话，或组织其他学生集体对特定人评头论足等，一手造成特定人被与其关系密切的团体（如同班级、同小组、同宿舍学生）排斥在外，孤立无援。同时，其他同学可能出于"从众心理"附和他人，对特定人进行排斥，从而形成社交欺凌。

五、网络欺凌

故意通过各种网络媒介散播伤害特定人的文字、图片、语音信息或视频等，进行造谣或者诋毁，传播特定人隐私，就可能构成网络欺凌。例如，通过微信、QQ、短视频等社交媒体平台对被欺凌者展开侮辱和攻击。

随着互联网技术的飞速发展，拥有电子产品的学生数量与日俱增。近年来，网络欺凌发生得越来越频繁，愈发成为学生欺凌防治的重点关注领域。

六、性欺凌

性欺凌和性犯罪不同，还没有达到犯罪的程度。可能构成性欺凌的行为主要包括以下情形：

第一，围绕性生理特征实施。取笑特定人的身体特殊部位，拍摄、传播让特定人感到不舒服的图片、视频或文字，让人感到尴尬、羞耻等。

第二，围绕性心理特征实施。通过语言或暴力来攻击特定人的性格特点或者性别特征，比如嘲笑对方的外貌、行为或者性别身份，比如称男生为"娘娘腔"，称女生为"男人婆"等。

知识窗

性欺凌的典型案例

小燕自从进入青春期后，身体发育得比同龄人快。有一次运动会后，小燕换衣服时被小霞等几名女生盯上了。她们开始嘲笑小燕，说她"发育得像大人一样"，之后还在朋友圈里发布偷拍小燕的照片，并对其身体特征进行了突出处理，配上"早熟""大人精"等文字。这属于可能构成"性欺凌"的第一种情形。

小宇性格温和，平时喜欢绘画和音乐，言行举止较为细腻，因为不太喜欢体育活动，大名等男生开始嘲笑他，称他为"娘娘腔""小女生"，甚至模仿他的言谈举止取乐。刚开始，小宇选择了忍耐，尽量避免与这些同学接触，但这些嘲笑和侮辱的言语渐渐升级。有人通过 P 图，将小宇 P 成一个女生，在班级群里发布，配上侮辱性的文字，这让小宇感到非常气愤。这属于可能构成"性欺凌"的第二种情形。

案例解析

小楠与班里的同学欣欣从小学起就是同学，两人常常一起讨论学习问题、参与课外活动，形成了紧密的朋友关系。然而，小楠与欣欣的这种友好同学关系引起了班上小吴的嫉妒。小吴一直对欣欣抱有好感，看到欣欣与小楠关系密切，心生不满，对小楠产生故意。

最初，小吴的嫉妒情绪仅限于一些言语上的表现，比如在班里故意大声讽刺小楠，嘲笑他"总是围着女生转"，甚至公开喊他"娘娘腔"，指责他"不像个男生"。这些嘲弄吸引了其他人的注意，有时还夹杂着几个同学的笑声，令小楠感到羞耻和难堪。

随着时间推移，小吴的行为逐渐变得更加恶劣。他不再满足于言语上的侮辱，而开始实施威胁和肢体上的恐吓。放学后，小吴请大名帮忙，几次在偏僻的路段故意拦住小楠。他们不仅口头威胁小楠要远离欣欣，还暗示如果小楠不照做，后果将会更加严重。

1. 请分析，本案例中是否存在学生欺凌？如果有，请分析欺凌事件的各类角色；如果没有，请说明理由。

2. 如果小吴的行为没有被及时制止，后续可能会发生什么情况？你能否指出不同类型欺凌之间的关系？

（提示：较低程度的欺凌可能会逐渐向较严重的欺凌转化，例如可能会从言语欺凌、社交欺凌逐渐演变为肢体欺凌。）

法条链接

《未成年人学校保护规定》第二十一条

教职工发现学生实施下列行为的，应当及时制止：

（一）殴打、脚踢、掌掴、抓咬、推撞、拉扯等侵犯他人身体或者恐吓威胁他人；

（二）以辱骂、讥讽、嘲弄、挖苦、起侮辱性绰号等方式侵犯他人人格尊严；

（三）抢夺、强拿硬要或者故意毁坏他人财物；

（四）恶意排斥、孤立他人，影响他人参加学校活动或者社会交往；

（五）通过网络或者其他信息传播方式捏造事实诽谤他人、散布谣言或者错误信息诋毁他人、恶意传播他人隐私。

学生之间，在年龄、身体或者人数等方面占优势的一方蓄意或者恶意对另一方实施前款行为，或者以其他方式欺压、侮辱另一方，造成人身伤害、财产损失或者精神损害的，可以认定为构成欺凌。

课后练习

1. 网络欺凌与传统的肢体欺凌或言语欺凌有什么不同？

2. 请思考并讨论，网络欺凌会给被欺凌者带来哪些伤害？可以采取哪些有效的应对措施？

3. 你认为哪种类型的欺凌对学生的心理影响更大？为什么？

课程导读

　　当今学生欺凌现象并不罕见，但其复杂性和隐蔽性常常超出我们的预期。学生欺凌不仅为被欺凌者带来了直接的心理、身体或财物上的伤害，还影响到欺凌者、欺凌协助者、旁观者的行为发展和心理状态。随着信息技术的发展，网络欺凌更是放大了学生欺凌行为的影响力，使伤害的范围从课堂扩展到网络空间，甚至覆盖了被欺凌者的整个生活领域。本讲将深入探讨学生欺凌对被欺凌者、欺凌者、欺凌协助者及旁观者的多重影响，并结合情境案例，分析这些角色在欺凌事件中的复杂动态。

情景引入

　　欣欣性格开朗、乐观，与同学相处融洽，然而最近几周，她开始变得异常沉默，渐渐与同学疏远，情绪也变得极不稳定。原来小霞把欣欣分享的一张照片与一张侮辱性的图片合成后发布到社交平台上，还配上了嘲讽言论，随着点赞、转发和评论的增多，嘲笑和谩骂如潮水般涌向欣欣。虽然这些行为仅发生在虚拟空间中，但欣欣感受到的羞辱是实实在在的，每天醒来都会害怕看到新的嘲弄和侮辱出现在网络上，她感到无力和悲观，觉得事态的发展已经无法被阻止。

想一想

　　1. 考虑到欣欣在网络欺凌事件后情绪变得不稳定，她可能会经历哪些心理上的变化？这种变化会如何影响她的日常生活和学习？

　　2. 欣欣原来与同学相处融洽，但事件发生后开始与他们疏远。这种变化可能会对她的社交圈和人际关系产生哪些长期影响？

一、对被欺凌者心理与行为的影响

学生欺凌对被欺凌者的影响是多维度的，所带来的身体、心理和行为上的负面效应相互交织，导致被欺凌者在长时间内承受多重压力。这种危害不仅可能影响他们在学校的表现，还可能在他们的人生中留下深深的创伤。

1. 身体上的直接伤害

身体暴力是传统欺凌的直接表现形式，通常涉及打斗、推搡或其他形式的肢体冲突。这类直接的身体伤害往往会留下可见的伤痕，如淤青、擦伤等，有时甚至会导致骨折或内伤等更严重的后果。然而，身体暴力不仅限于可见的外部伤害，长期的恐惧与紧张情绪同样会产生慢性头痛、胃痛、失眠等隐性创伤。这种因压力导致的身体疾病通常难以被察觉，甚至在医学检查中也未必能被明确诊断，但其真实存在，严重影响学生的日常学习与生活质量。

即使在网络欺凌的背景下，被欺凌者的身体也会因巨大的心理压力而遭受间接的影响。由于欺凌行为无孔不入，被欺凌者经常处于高度紧张状态，导致身体免疫力下降，出现一系列生理症状，如过度疲倦、注意力不集中等，进而影响学业表现和个人生活。

2. 心理上的深层伤害

与身体伤害相比，学生欺凌对心理的伤害更为隐蔽和持久。被欺凌的学生，尤其是在网络环境下，常常感到无助、孤立和绝望。长期遭受学生欺凌会破坏自我认知，使他们逐渐失去自尊，产生深深的无价值感和羞耻感。特别是面对网络欺凌时，被欺凌者不仅要承受来自同学的侮辱，还要面对网络上可能存在的恶意信息。这种公开羞辱带来的心理阴影往往深深地留在心中，使他们难以在以后的生活中建立自信。

本讲案例展示了网络欺凌的隐蔽性与扩散性，网络上恶意内容的持续传播使欣欣感到无路可逃，内心的孤独感与无助感日益加剧。长期遭受欺凌的学生可能会表现出抑郁、焦虑、社交退缩等症状，甚至发展为创伤后应激障碍（PTSD）。这种心理上的创伤并非随着欺凌行为的结束而消失，而可能在被欺凌者的成年生活中重新浮现，影响其职场表现和人际关系。

3. 行为上的变化

被欺凌者的行为变化常常伴随着心理上的变化。在面对持续的欺凌时，被欺凌者可能会表现出社交退缩、拒绝上学等行为。这种行为上的退缩不仅加剧孤独感，还可能导致他们逐渐脱离正常的社交网络，难以建立和维持正常的友谊与信任关系。

更为严重的是，长期遭受欺凌的学生有可能产生自我伤害等极端倾向。近年来，由网络欺凌引发青少年极端行为的案例层出不穷，这些悲剧不仅反映了欺凌行为的严重后果，还揭示了在教育和心理干预方面的不足。

二、对欺凌者心理与行为的影响

欺凌者看似在学生欺凌中占据主动权，但这种行为也对他们自身产生了深远的负面影响。长期参与欺凌的学生容易形成攻击性人格，在未来的生活中面临着无法正确处理人际关系等问题。

1. 攻击型人格的形成

欺凌者通过欺凌他人来满足自己的权力欲和控制感，这种行为虽然在短期内可能使其获得心理上的满足，但从长远来看，反复的欺凌行为会破坏道德判断力，形成攻击性人格。这种人格特征通常表现为对他人缺乏同情心、过度使用暴力解决问题，以及对规则的蔑视。

在青少年时期，欺凌者尚未形成健全的价值观与行为准则，如果欺凌行为得不到及时纠正和教育，由此逐渐形成的攻击型人格可能会持续发展，影响未来的职业和社会生活。欺凌者可能往往难以与他人建立健康的人际关系，甚至在成年后做出反社会行为，最终受到法律的惩罚。

2. 人际关系中的孤立

尽管有的欺凌者会在学生欺凌中体验到权力和控制带来的心理刺激，但也常常导致自己在人际交往中被孤立。同龄人可能会因为害怕成为被欺凌的目标而疏远欺凌者，或因道德上的不认同而拒绝与其交往。随着时间的推移，欺凌者会发现自己在社交圈中越来越孤立，缺乏真正的朋友和支持系统。这种人际关系的破裂不仅影响其在学校中的表现，还可能在未来的职场和社会生活中带来更多的困扰。

3. 承担相应的法律责任

随着社会越来越关注学生欺凌问题，欺凌者不再仅仅存在道德问题，还需承担相应的法律责任。根据《中华人民共和国未成年人保护法》和相关教育法规的规定，欺凌者的行为如果造成了严重的后果，可能需承担民事侵权责任，或者面临行政甚至刑事处罚。

三、对欺凌协助者心理与行为的影响

1. 道德与心理的问题

欺凌协助者最终意识到自己的协助行为对他人造成了伤害，违背自身的价值观，会导致内心的矛盾和困惑，从而产生内疚和自责。欺凌协助者也可能误以为欺凌是解决问题或获取关注的有效方式，长期参与欺凌还可能导致他们对他人的痛苦漠不关心，并最终转变为欺凌者。

2. 人际关系产生问题

欺凌协助者的行为可能破坏自身与同学之间的信任，产生信任危机。欺凌协助行为被揭露后，他们可能被他人排斥，具有被孤立的风险。

3. 行为习惯的负面影响

协助学生欺凌，可能使欺凌协助者的行为模式固化，形成攻击性或冷漠的行为模式，逐渐丧失对自身行为的责任感，习惯于推卸责任。同时，协助欺凌可能分散其注意力，影响学习表现，协助欺凌的行为可能被记录在案，对升学和就业产生不利影响。

四、对旁观者心理与行为的影响

旁观者是学生欺凌事件中一个容易被忽视的角色。虽然他们没有直接参与欺凌行为，但他们的作为或不作为在很大程度上影响了欺凌的发生和持续，其中附和者、局外人的作用不容小觑。

1. 产生恐惧与焦虑

当学生在学校中目睹欺凌行为时，旁观者中的局外人常常会感到恐惧和焦虑。他们可能担心自己如果干预，会成为下一个被欺凌的对象；同时，这些局外人可能因为未能及时制止欺凌而感到内疚和无力。这种心理负担会对局外人的精神健康产生影响，甚至产生对环境的不信任感，进一步加剧同学间的紧张氛围。

网络欺凌中的旁观者也面临着类似的困境。面对社交媒体上的恶意言论，许多旁观者不知如何介入，有时甚至会因为害怕被卷入舆论风暴而选择沉默。这种沉默实际上助长了欺凌行为的持续，成为一种"无声的共谋"。

2. 模仿、复制欺凌行为

旁观者中的一些人，特别是那些尚未形成明确是非观的青少年，可能会受到欺凌者行为的影响，成为附和者，进而模仿或复制这些行为。模仿行为不仅可能使附和者逐渐失去对欺凌行为的道德判断力，还可能使他们成为新的欺凌者协助者甚至欺凌者。

3. 产生群体效应，造成道德麻痹

在面对学生欺凌时，个体往往会受到群体效应的影响，特别是在学校这种高度社交化的环境中，个体行为很容易被群体行为所左右。当一个群体中的多数人选择对欺凌事件保持沉默或提出反对时，其他旁观者可能会因为不愿与群体意见相左而采取类似的态度，这种现象在心理学中被称为"去个体化"。

此外，旁观者在频繁接触欺凌事件后，可能逐渐丧失对暴力行为的敏感性，产生所谓的"道德麻痹"现象。道德麻痹指个体对不公正或不道德行为的麻木不仁，他们不会再主动反思这些行为的错误性，甚至可能将其视为常态。这在网络欺凌的环境中表现得尤为明显，许多学生在社交媒体上反复看到欺凌现象后，逐渐丧失了最初的愤怒或不安感，转而成为网络暴力的"观众"甚至"附和者"。

五、学生欺凌对家庭、学校及社会的影响

学生欺凌不仅对被欺凌者、欺凌者、欺凌协助者及旁观者产生深远的负面影响，还波及整个家庭、学校的教育环境，以及社会的和谐稳定。欺凌行为的蔓延往往会引发一系列连锁反应，影响相关各方的情感和行为，甚至对社会治安产生不良后果。

1. 对家庭的影响

学生欺凌给家庭带来的伤害是直接且深刻的。

被欺凌的孩子往往在家庭中表现出情绪低落、情感闭塞的特征，甚至会产生强烈的无助感，这不仅让家长感到揪心，还会激发家长的自责和愧疚感，认为自己未能有效保护孩子。这种情感上的负担有时会引发家庭内部的矛盾，家长之间可能互相指责，甚至部分家长会将怒火发泄到孩子身上，认为孩子在学校里不够"坚强"或"融入集体"。

此外，部分家长在得知孩子遭受学生欺凌后，可能会产生愤怒的情绪。尤其是当欺凌行为得不到遏制或对学校处理不满时，家长可能采取过激的维权手段，甚至采取以暴制暴的行为。这种极端的反应虽然是出于保护孩子的本能，但在某些情况下会引发更多冲突，导致局面进一步恶化。

对于欺凌者的家庭而言，欺凌行为同样会带来难以忽视的后果。欺凌者的家长往往在事情曝光后感到羞耻和困惑。有些家长可能因自己没有及时关注孩子的行为问题而感到悔恨；有些家长会百般抵赖，寻找借口推脱给对方家长；还有些家长可能因此面临其他家长的排斥，甚至影响到家庭的社会交往和邻里关系等。

2. 对学校的影响

学生欺凌行为对学校的影响尤为直接。

首先，欺凌行为会破坏正常的教育教学秩序，影响师生关系及学生的学习状态。当班级中发生欺凌事件时，整个班级的氛围都会变得紧张，学生的安全感和信任感下降，使得课堂不再是一个安全的学习环境。一些学生可能因为害怕成为下一个目标而无法集中精力学习，导致整体的学习效率下降。

其次，频发的欺凌事件会损害学校的声誉。学校是教书育人的场所，但欺凌行为常常使家长和社会对学校的管理能力产生质疑。如果学校未能采取有效的措施防治或处理学生欺凌问题，外界可能会认为学校不重视学生安全，这会影响学校的公众形象，甚至带来深远的负面影响。

最后，更为严重的是，欺凌行为可能导致学校内部形成一种暴力文化，如果不加以遏制，暴力行为会逐渐成为学生之间解决问题的常见方式。这不仅破坏了学校的教育目标，还可能让更多学生卷入欺凌事件，扩大被欺凌者的范围。

3. 对社会的影响

从更广泛的角度来看，学生欺凌也会对整个社会造成深远的不良影响。

首先，学生欺凌会在社区内营造紧张氛围。尤其是在一些小型社区中，欺凌事件往往会迅速传播，家长之间、社区成员之间可能会因立场不同而产生冲突，形成对立局面。这种紧张的氛围不仅会影响社区的整体和谐，还可能蔓延到其他领域，引发公共场所的治安问题等。

其次，欺凌行为的泛滥会为社会治安带来隐患。经常参与欺凌行为的学生，随着时间的推移，可能会将暴力和欺凌视为解决问题的常用手段，为未来的犯罪行为埋下隐患。研究表明，部分青少年在校园内养成的暴力倾向，可能会在成年后延续为更严重的违法犯罪行为，影响整个社会的安全与稳定。

最后，被欺凌者及其家庭的长期心理创伤，可能导致他们对社会失去信任感。被欺凌的学生在成年后，可能会表现出强烈的社交恐惧和孤立倾向，难以融入职场或社会生活。这种情况不仅影响个体的发展，还可能对社会的整体和谐和经济效率造成一定程度的损害。

案例解析

　　小燕最近常常红着眼圈，因为她的作业本和试卷总是莫名消失。一天数学课前，小燕在书包里翻找课堂练习本，结果发现又不见了。大名嘲笑她说："你看看你，总是管不住自己的东西，老师一问就说自己的作业本丢了！"几个男生跟着哄笑。

　　课间休息时，小燕在走廊的垃圾桶旁发现了被撕碎的练习本碎片。大名看着小燕在垃圾桶里一片一片捡出练习本时，脸上的笑容突然僵住了，他想起爸爸上次醉酒时撕了他的试卷，他也是这样一片一片捡起来的。

　　其实小菲看见了大名偷拿小燕的练习本在撕，但她没有制止，而是马上走开了。小燕被大名嘲笑时，她也故意转身和同学闲聊。

　　经过调查后，学校对大名多次故意损毁同学作业的行为进行了严肃处理，大名也深刻认识到自身行为的错误。小菲路过小燕座位时总会加快脚步，仿佛那里坐着一个无声的"审判者"。

1. 如果你是小菲，看到欺凌行为时你会怎么做？

2. 故事中每个人分别受到了什么伤害？请从被欺凌者、欺凌者、旁观者三个角度分别说明。

法条链接

《中华人民共和国预防未成年人犯罪法》第三十一条

学校对有不良行为的未成年学生，应当加强管理教育，不得歧视；对拒不改正或者情节严重的，学校可以根据情况予以处分或者采取以下管理教育措施：

（一）予以训导；

（二）要求遵守特定的行为规范；

（三）要求参加特定的专题教育；

（四）要求参加校内服务活动；

（五）要求接受社会工作者或者其他专业人员的心理辅导和行为干预；

（六）其他适当的管理教育措施。

《中华人民共和国预防未成年人犯罪法》第三十三条

未成年学生偷窃少量财物，或者有殴打、辱骂、恐吓、强行索要财物等学生欺凌行为，情节轻微的，可以由学校依照本法第三十一条规定采取相应的管理教育措施。

《中华人民共和国预防未成年人犯罪法》第三十八条

本法所称严重不良行为，是指未成年人实施的有刑法规定、因不满法定刑事责任年龄不予刑事处罚的行为，以及严重危害社会的下列行为：

（一）结伙斗殴，追逐、拦截他人，强拿硬要或者任意损毁、占用公私财物等寻衅滋事行为；

（二）非法携带枪支、弹药或者弩、匕首等国家规定的管制器具；

（三）殴打、辱骂、恐吓，或者故意伤害他人身体；

（四）盗窃、哄抢、抢夺或者故意损毁公私财物；

（五）传播淫秽的读物、音像制品或者信息等；

（六）卖淫、嫖娼，或者进行淫秽表演；

（七）吸食、注射毒品，或者向他人提供毒品；

（八）参与赌博赌资较大；

（九）其他严重危害社会的行为。

《中华人民共和国预防未成年人犯罪法》第四十条

公安机关接到举报或者发现未成年人有严重不良行为的，应当及时制止，依法调查处理，并可以责令其父母或者其他监护人消除或者减轻违法后果，采取措施严加管教。

· 课后练习 ·

1. 学生欺凌中的身体暴力会对被欺凌者造成哪些具体的身体伤害？这些伤害对被欺凌者的日常生活和学习有何影响？

2. 学生欺凌对被欺凌者的心理健康有何深远影响？请结合具体案例说明。

3. 被欺凌者在行为上可能会出现哪些变化？这些变化会对他们的社交生活和学业表现产生何种影响？

第四讲　**不要成为欺凌者**

课程导读

　　在校园生活中，学生之间的相处方式对个人成长，甚至是集体氛围均有着深远影响。学生欺凌在给被欺凌者带来严重身心伤害的同时，也破坏了校园的和谐环境。因此不仅要关注不同类型的欺凌及其危害，帮助被欺凌者走出"困境"，更要从源头预防欺凌行为的发生，培养学生的积极社交行为。本讲将深入探讨欺凌者实施欺凌行为的心理因素、行为后果，同时分析如何培养积极的社交行为，避免成为欺凌者。

情景引入

　　大名是班上的体育健将，但他常常因为嫉妒班长小楠而心生不满。一天放学后，大名故意在教室门口拦住小楠，挑衅地推了一把，并大声质问他是不是经常通过作弊才获得好成绩。小楠试图解释，但大名不依不饶，继续用言语侮辱他。其他同学目睹了这一幕，有的选择避开，有的则在一旁起哄。大名在众人的哄笑中越发得意，完全没有意识到自己的行为对小楠造成的伤害。

想一想

1. 大名为什么会成为欺凌者？他的行为背后可能隐藏着哪些心理因素？

2. 如果你是大名的朋友，你会如何劝说他改变这些行为？你认为哪些方法可能有效？

一、变成欺凌者的原因

在校园生活中，偶尔会有一些同学逐渐走上欺凌他人的道路，这一现象背后隐藏着来自个人、家庭、学校、社会的诸多复杂的原因。深入探究这些同学为何会成为欺凌者，不仅有助于洞察欺凌问题发生的根源，还能为有效预防及干预欺凌行为提供关键线索。

1. 个人因素

青少年在成长过程中，心理发展尚未完全成熟，容易受到各种心理因素的影响，从而成为欺凌者。

自卑心理是导致学生实施欺凌行为的重要原因之一。一些学生可能自认为在学业、外貌或家庭背景等方面不够好或不如他人而产生强烈的自卑感，为了掩盖自身的"不足"，往往会选择通过欺凌他人来提升地位，从而获得一种扭曲的优越感。

缺乏同理心与产生嫉妒心也是成为欺凌者的关键因素。现实中如果缺乏理解和感知他人情绪的能力，通常无法体会到被欺凌者的痛苦与无助，从而更容易对他人施加伤害。嫉妒心则可能驱使某些学生对成绩优异、外貌出众、受老师喜爱和受同伴欢迎的同学产生敌意，进而采取欺凌行为来发泄不满。

此外，攻击型人格特质也与欺凌行为密切相关。具有攻击型人格的学生会在日常生活中表现出冲动、易怒和敌对等心理特质，并倾向于以暴力方式解决问题。

2. 家庭因素

家庭教养方式对学生的行为模式有着重要影响，不良的家庭因素是导致学生成为欺凌者的重要原因之一。

家庭的暴力冲突是诱发学生欺凌行为的直接因素之一。在家庭中经常目睹或遭受暴力行为的学生，会将暴力行为视为一种正常且有效的解决问题的方式，并在学校中实施类似的暴力行为。

不当的家庭教养方式也会增加学生成为欺凌者的概率。例如，专制型家长缺乏对孩子的理解并拒绝沟通，要求孩子绝对服从，因此孩子可能通过欺凌他人来发泄对家长的不满。

此外，家长的忽视也会导致孩子缺乏安全感，通过欺凌他人的激进方式来获取家长的关注。

3. 学校因素

校园环境对学生的行为同样有着深远影响，不良的校园环境会为学生实施欺凌行为提供土壤。

课业压力过重是诱发学生欺凌行为的一个重要因素。如果学校过于注重学业成绩，未加强对学生品德与心理健康的教育引导，可能导致学生在追求成绩的过程中忽视对他人的尊重和关心，从而更容易产生欺凌行为，甚至为了获得认可而采取欺凌他人的方式来排挤竞争对手。

老师的教育态度也会对学生产生影响。如果老师在处理学生冲突时采取简单粗暴的方式或者对学生的欺凌行为视而不见、处理不力，也会使学生认为欺凌行为是可以被接受的，甚至会模仿老师的简单粗暴行为。

如果学校未能营造安全的校园环境，缺乏完善的反欺凌政策及有效的干预机制，学生在实施欺凌行为时便难以受到必要的约束。

4. 社会因素

社会风气对价值观尚在形成中的青少年具有潜移默化的影响。

当暴力行为被当作力量的象征或解决问题的手段，这种不良风气便会渗透校园，扭曲学生的认知。

影视作品、网络游戏中的暴力场景也易引诱学生模仿，使他们误认为通过暴力就可以获得利益或满足某种需求。

此外，社会中的同伴关系对青少年的影响尤为显著。一群人形成的群体就像一个小社会，若这个小群体中存在对某些群体的歧视，这种偏见便会内化为学生的思想，导致他们实施欺凌行为。一些学生会在小群体的影响下，参与或附和欺凌行为，从而获得对群体的归属感。

二、成为欺凌者需承担的后果

学生欺凌行为对欺凌者自身也会造成诸多负面影响。长期实施欺凌，会使其道德品质出现偏差，人际关系变得紧张，学业成绩受损，甚至可能触犯法律，面临相应的法律制裁……这些影响不仅贯穿于欺凌者的校园生活，还可能对其未来的成长产生不良后果。

1. 道德品质受损

长期实施欺凌行为的青少年，其道德品质往往会出现偏差。欺凌者在实施欺凌时会进行道德推脱，将责任归咎于被欺凌者，从而削弱其自身因欺凌行为而产生的内疚感。

此外，欺凌者在实施欺凌后会逐渐形成错误的人际交往观念，认为通过打压他人就可以获得满足感。因此当欺凌者再次面对冲突或竞争时，他们更倾向于采取不道德的手段来解决问题。长此以往，这种观念模式不仅会影响欺凌者的人际关系，还会导致他们在成年后难以适应社会的道德规范，影响社会适应能力，并在未来发展中陷入更多的道德困境。

2. 人际关系恶化

同伴关系是青少年社会支持系统的重要组成部分。欺凌者往往因为缺乏同理心，难以与他人建立稳定和亲密的友谊。同时，欺凌行为通常会引起同伴的反感与排斥，导致其在同伴群体中不受欢迎。最终，这种孤立的社交地位会使得欺凌者在面对困难时缺乏必要的支持和帮助。

如果欺凌者长期实施欺凌行为而没有得到及时干预和纠正，他们与外界的关系也可能因此变得紧张，老师和家长会慢慢对其失去信任和耐心，进而加剧欺凌者的社交困境，使其在校园生活中更加孤立无援。

3. 学业成绩受影响

长期参与欺凌行为的欺凌者在学业上往往表现不佳，且更容易出现逃学或辍学的现象。出现这种现象的原因在于，欺凌者将精力投入欺凌行为的实施中，从而忽视了学业的重要性。

欺凌行为本身会导致欺凌者产生冲动、暴躁、焦虑等一系列心理问题，注意力无法集中，影响学习状态。学业状态不佳不仅会影响学生的学习进度，还可能对未来的学习生活产生长远的不良影响。

4. 面临法律惩罚

随着社会对学生欺凌问题的日益重视，相关法律法规也在不断完善，国家对于触犯法律的欺凌行为的处罚力度也在加大。在一些严重的欺凌事件中，欺凌者会面临法律的严肃惩罚。在我国，学生欺凌事件中欺凌者侵犯被欺凌者合法权益，造成他人人身、财产或其他损害的，应依法承担民事责任；违反治安管理的，需受到治安管理处罚；构成犯罪的，需追究其刑事责任。

其中，因不同类型的学生欺凌触犯的法律不同，应承担的责任也各有不同。在肢体欺凌中，如果推撞、打骂等肢体欺凌情节较轻，违反《中华人民共和国治安管理处罚法》的，欺凌者可能会面临行政拘留处罚或接受矫治教育；如果该行为致人重伤或死亡，构成故意伤害罪或故意杀人罪，欺凌者需承担刑事责任，同时给予被欺凌者医疗费等民事赔偿。言语欺凌涉及侮辱、诽谤、威胁，可能会被追究法律责任，涉及行政责任、民事责任，甚至刑事责任。在以抢夺、损坏财物为主要形式的财物欺凌中，欺凌者除了需赔偿损失外，如果违反《中华人民共和国治安管理处罚法》的相关规定，也需要承担相应的行政责任。在以孤立、排挤为典型的社交欺凌中，欺凌者通常需要承担赔礼道歉、消除影响的民事责任。在网络欺凌中，实施网络辱骂、曝光隐私等行为的欺凌者一般需承担民事责任，情节严重的还可能构成侮辱罪或诽谤罪。

知识拓展

欺凌者可能承担的三种法律责任

> **民事责任：**

在学生欺凌事件中，欺凌者不仅要对被欺凌者遭受的人身伤害承担相应的医疗费、护理费等赔偿责任，还需对其造成的精神损害进行精神损害抚慰金赔偿，若导致被欺凌者财产损失，还要赔偿受损财产的费用。

根据《中华人民共和国民法典》第一千一百八十八条的规定，"无民事行为能力人、限制民事行为能力人造成他人损害的，由监护人承担侵权责任"。

欺凌者造成他人损害，需承担赔偿责任的，若欺凌者有压岁钱、零花钱等个人财产，则赔偿费用应先从其个人财产中支付。如果个人财产不足以支付全部赔偿费用，则不足部分由其监护人负责赔偿。

监护人能够证明自己已尽到监护职责的，可减轻侵权责任，但不能完全免责。

> **行政责任：**

当欺凌行为构成违反治安管理时，欺凌者依法将承担行政责任，并受治安管理处罚。从实践来看，在学生欺凌事件中，欺凌者需承担的行政责任种类繁多，具体情况视其行为性质、情节轻重等因素而定。

违反治安管理行为人（已满十四周岁不满十六周岁的；已满十六周岁不满十八周岁，初次违反治安管理的），应当给予行政拘留处罚的，不执行行政拘留处罚。但违反治安管理情节严重、影响恶劣的，或者行为人在一年以内二次以上违反治安管理的，依然给予行政拘留处罚。不执行行政拘留处罚的未成年人，公安机关依照《中华人民共和国预防未成年人犯罪法》的规定采取相应矫治教育等措施。

> **刑事责任**

刑事责任是指行为人因实施犯罪行为而应依法承担的法律后果。尽管在初中阶段，学生欺凌事件中的欺凌者多为 12 至 16 周岁，但根据刑法，若欺凌者的行为情节特别严重，仍可能构成刑事犯罪，需承担相应的刑事责任。

《中华人民共和国刑法修正案（十一）》下调了未成年人犯罪的法定最低刑事责任年龄："已满十二周岁不满十四周岁的人，犯故意杀人、故意伤害罪，致人死亡或者以特别残忍手段致人重伤造成严重残疾，情节恶劣，经最高人民检察院核准追诉的，应当负刑事责任。"

目前，根据《中华人民共和国刑法》规定，已满十六周岁的人犯罪，应当负刑事责任。已满十四周岁不满十六周岁的人，则属于相对负刑事责任的年龄，犯故意杀人、故意伤害致人重伤或者死亡、强奸、抢劫、贩卖毒品、放火、爆炸、投放危险物质罪的，应当负刑事责任。

三、积极应对与改变

学生欺凌行为不仅对被欺凌者造成了严重伤害，也使欺凌者自身陷入道德、学业困境及人际关系危机。面对这一问题，学校、家庭、社会应积极干预，通过心理辅导、法治教育、家庭指导和社会支持等多方面的引导，帮助欺凌者认识到自身行为的错误，增强同理心，学会正确处理人际关系和情绪问题，走上健康成长的道路，摆脱欺凌者的角色，成为对社会有益的人。

1. 以心理辅导重塑认知

心理辅导是帮助欺凌者重构认知的重要手段。专业心理辅导教师通过建立良好的咨访关系，引导欺凌者宣泄内心压抑的情绪，使其认识到自己行为的错误性及其对他人造成的伤害。

在咨询过程中，心理辅导教师通过传授情绪管理技巧，帮助欺凌者学会控制和调节情绪，避免因冲动引发暴力行为。通过心理辅导，欺凌者能够逐步改变行为模式，培养健康的心理状态与人际关系观念，从而实现积极的自我改变。

2. 以法治教育增强责任意识

法治教育是增强学生责任意识、预防欺凌行为的有效手段。学校应将法治教育融入各学科课程和日常校园生活中，从而培养学生学习法律的兴趣。

学校可以通过整合课程内容，营造以学生为中心的法治教育环境，使学生了解基本的法律知识，引导其树立正确的价值观，帮助学生养成自觉守法、遇事找法、解决问题靠法的习惯。

法治教育的关键在于增强法治观念与培养法治思维，因此应当将法治教育日常化。例如，通过开展法治主题征文、演讲、海报等活动，丰富宣教形式，促使学生思考法治问题；通过建立法治园、文化墙等普法阵地，营造校园法治氛围；通过国家宪法日等节点开展主题活动，向学生普及法律知识；通过举办法治讲座，邀请专家结合典型案例开展专题讲解，增强学生法治意识；通过组织法治观影，观看《民之法典》等纪录片，深化学生的法治理解……通过多种途径将法治教育融入校园生活，在趣味中培养学生的法治素养，帮助学生在日常生活中约束自己的行为，避免成为欺凌者。

3. 通过家庭教育指导改善亲子沟通

家庭教育是建构孩子行为的关键因素，对欺凌者的积极改变至关重要。老师应积极引导家长运用耐心倾听、换位思考和平等交流等方法，理解孩子的想法与感受，引导孩子认识到尊重他人、与人为善的重要性。

班主任应利用好家校联系群、家教小贴士、家长会等线上线下平台，提醒家长关注孩子的心理需求，并通过分享实践案例，建议家长以讲故事的形式剖析欺凌行为的危害，协助孩子树立正确的行为观念。

对于表现出欺凌倾向或疑似参与欺凌行为的学生，老师应及时与家长沟通，强调通过亲子沟通提升孩子的自我控制能力，帮助孩子理性处理冲突，从而减少其成为欺凌者的风险。在必要的情况下，通过一对一线下交流及时识别家庭教育中存在的问题，指导家长调整教育策略，避免采取评判、打压和攻击性的教育方式，以关心爱护保障孩子的健康成长。

4. 以社会支持促进同伴互助

社会支持作为关键的外部助力，可以通过多种途径助力欺凌者实现积极转变。学校可以建立反欺凌俱乐部、心理健康小组等支持网络，为欺凌者提供表达关切、分享经历和采取行动的平台。在这些组织中，欺凌者也可以通过获得同伴的支持，来减少孤独感。例如，组织成员主动与欺凌者沟通，了解他们的内心想法和困扰，帮助他们找到更好地解决问题的方法。通过在活动中倡导合作精神，让欺凌者认识到与他人合作可以实现共赢，不应通过欺凌他人来获得所谓的"胜利"。

总之，正向的社会支持有助于促进欺凌者的自我反思和行为改变，帮助其重新融入集体并建立良好的人际关系。

案例解析

案例一：在某学校发生的一起学生欺凌事件中，赵某某等8名学生对同学张某进行了长达数月的欺凌。起初，他们言语侮辱和孤立张某，后来逐渐发展到对其实施身体上的伤害。在一次课间休息时，赵某某等学生将张某带到学校的偏僻角落，对其进行殴打，导致张某身上多处淤青。随后，他们又将张某带到卫生间，用热水烫其手臂，造成张某皮肤严重烫伤。整个过程中，张某多次向其他同学和老师求助，均未得到及时有效的帮助。这起事件引发了社会的广泛关注和强烈谴责，涉事学生最终受到了相应的法律惩处，年满16周岁的学生被刑事拘留，未满16周岁的学生被行政拘留。

案例二：2024年3月10日，河北某区发生了一起震惊社会的学生欺凌致死案。13周岁的初一学生王某某被同班同学杀害，遗体被发现于一处废弃蔬菜大棚内。据调查，学生张某某、李某与王某某一直存在矛盾，张某某遂提议杀害王某某并平分其钱财。二人多次共谋后，张某某选定废弃蔬菜大棚为作案地点，并提前挖坑准备。案发当天，张某某将王某某骗出，李某在途中将杀人计划告知另一同学马某某。四人进入大棚后，张某某持铁锹动手，李某帮忙控制王某某，马某某因害怕离开。张某某和李某将王某某杀害后，将其尸体掩埋并拿走手机。逃离现场后，张某某转走了王某某手机微信里的钱与李某平分，同时指使马某某砸毁手机并扔弃手机卡。3月11日，王某某的遗体被发现，3月15日，张某某等三人因涉嫌故意杀人被刑事拘留。2024年12月30日，张某某因故意杀人罪被判处无期徒刑，剥夺政治权利终身；李某被判处有期徒刑十二年；马某某依法不予刑事处罚，但需进行专门矫治教育。

1. 请你思考，在以上两个案件中，若赵某某和张某某、李某等人在初期实施欺凌行为时就得到有效干预，事情的发展是否会呈现截然不同的走向？

2. 如果答案是肯定的，你认为采取哪些具体的干预措施或引导方法，能够有效遏制事态的进一步恶化？

法条链接

《中华人民共和国未成年人保护法》第一百三十条第三款

学生欺凌，是指发生在学生之间，一方蓄意或者恶意通过肢体、语言及网络等手段实施欺压、侮辱，造成另一方人身伤害、财产损失或者精神损害的行为。

《未成年人学校保护规定》第二十一条第二款

学生之间，在年龄、身体或者人数等方面占优势的一方蓄意或者恶意对另一方实施前款行为，或者以其他方式欺压、侮辱另一方，造成人身伤害、财产损失或者精神损害的，可以认定为构成欺凌。

《中华人民共和国未成年人保护法》第三十九条第二款、第三款

学校对学生欺凌行为应当立即制止，通知实施欺凌和被欺凌未成年学生的父母或者其他监护人参与欺凌行为的认定和处理；对相关未成年学生及时给予心理辅导、教育和引

导；对相关未成年学生的父母或者其他监护人给予必要的家庭教育指导。

对实施欺凌的未成年学生，学校应当根据欺凌行为的性质和程度，依法加强管教。

《中华人民共和国刑法》第十七条

已满十六周岁的人犯罪，应当负刑事责任。

已满十四周岁不满十六周岁的人，犯故意杀人、故意伤害致人重伤或者死亡、强奸、抢劫、贩卖毒品、放火、爆炸、投放危险物质罪的，应当负刑事责任。

已满十二周岁不满十四周岁的人，犯故意杀人、故意伤害罪，致人死亡或者以特别残忍手段致人重伤造成严重残疾，情节恶劣，经最高人民检察院核准追诉的，应当负刑事责任。

对依照前三款规定追究刑事责任的不满十八周岁的人，应当从轻或者减轻处罚。

因不满十六周岁不予刑事处罚的，责令其父母或者其他监护人加以管教；在必要的时候，依法进行专门矫治教育。

《中华人民共和国刑法》第二百三十四条

故意伤害他人身体的，处三年以下有期徒刑、拘役或者管制。

犯前款罪，致人重伤的，处三年以上十年以下有期徒刑；致人死亡或者以特别残忍手段致人重伤造成严重残疾的，处十年以上有期徒刑、无期徒刑或者死刑。

《中华人民共和国刑法》第二百三十二条

故意杀人的，处死刑、无期徒刑或者十年以上有期徒刑；情节较轻的，处三年以上十年以下有期徒刑。

《中华人民共和国刑法》第二百六十三条

以暴力、胁迫或者其他方法抢劫公私财物的，处三年以上十年以下有期徒刑，并处罚金；有下列情形之一的，处十年以上有期徒刑、无期徒刑或者死刑，并处罚金或者没收财产：

（一）入户抢劫的；

（二）在公共交通工具上抢劫的；

（三）抢劫银行或者其他金融机构的；

（四）多次抢劫或者抢劫数额巨大的；

（五）抢劫致人重伤、死亡的；

（六）冒充军警人员抢劫的；

（七）持枪抢劫的；

（八）抢劫军用物资或者抢险、救灾、救济物资的。

《中华人民共和国刑法》第二百九十三条

有下列寻衅滋事行为之一，破坏社会秩序的，处五年以下有期徒刑、拘役或者管制：

（一）随意殴打他人，情节恶劣的；

（二）追逐、拦截、辱骂、恐吓他人，情节恶劣的；

（三）强拿硬要或者任意损毁、占用公私财物，情节严重的；

（四）在公共场所起哄闹事，造成公共场所秩序严重混乱的。

纠集他人多次实施前款行为，严重破坏社会秩序的，处五年以上十年以下有期徒刑，可以并处罚金。

《中华人民共和国民法典》第十七条

十八周岁以上的自然人为成年人。不满十八周岁的自然人为未成年人。

《中华人民共和国民法典》第十八条

成年人为完全民事行为能力人，可以独立实施民事法律行为。

十六周岁以上的未成年人，以自己的劳动收入为主要生活来源的，视为完全民事行为能力人。

《中华人民共和国民法典》第十九条

八周岁以上的未成年人为限制民事行为能力人，实施民事法律行为由其法定代理人代理或者经其法定代理人同意、追认；但是，可以独立实施纯获利益的民事法律行为或者与其年龄、智力相适应的民事法律行为。

《中华人民共和国民法典》第二十条

不满八周岁的未成年人为无民事行为能力人，由其法定代理人代理实施民事法律行为。

《中华人民共和国民法典》第九百九十五条

人格权受到侵害的，受害人有权依照本法和其他法律的规定请求行为人承担民事责任。受害人的停止侵害、排除妨碍、消除危险、消除影响、恢复名誉、赔礼道歉请求权，不适用诉讼时效的规定。

《中华人民共和国民法典》第一千一百七十九条

侵害他人造成人身损害的，应当赔偿医疗费、护理费、交通费、营养费、住院伙食补助费等为治疗和康复支出的合理费用，以及因误工减少的收入。造成残疾的，还应当赔偿辅助器具费和残疾赔偿金；造成死亡的，还应当赔偿丧葬费和死亡赔偿金。

《中华人民共和国民法典》第一千一百八十二条

侵害他人人身权益造成财产损失的，按照被侵权人因此受到的损失或者侵权人因此获得的利益赔偿；被侵权人因此受到的损失以及侵权人因此获得的利益难以确定，被侵权人和侵权人就赔偿数额协商不一致，向人民法院提起诉讼的，由人民法院根据实际情况确定赔偿数额。

《中华人民共和国民法典》第一千一百八十三条第一款

侵害自然人人身权益造成严重精神损害的，被侵权人有权请求精神损害赔偿。

《中华人民共和国民法典》第一千一百八十四条

侵害他人财产的，财产损失按照损失发生时的市场价格或者其他合理方式计算。

《中华人民共和国民法典》第一千一百八十八条

无民事行为能力人、限制民事行为能力人造成他人损害的，由监护人承担侵权责任。监护人尽到监护职责的，可以减轻其侵权责任。

有财产的无民事行为能力人、限制民事行为能力人造成他人损害的，从本人财产中支付赔偿费用；不足部分，由监护人赔偿。

《中华人民共和国治安管理处罚法》第十二条

已满十四周岁不满十八周岁的人违反治安管理的，从轻或者减轻处罚；不满十四周岁的人违反治安管理的，不予处罚，但是应当责令其监护人严加管教。

《中华人民共和国治安管理处罚法》第三十条

有下列行为之一的，处五日以上十日以下拘留或者一千元以下罚款；情节较重的，处十日以上十五日以下拘留，可以并处二千元以下罚款：

（一）结伙斗殴或者随意殴打他人的；

（二）追逐、拦截他人的；

（三）强拿硬要或者任意损毁、占用公私财物的；

（四）其他无故侵扰他人、扰乱社会秩序的寻衅滋事行为。

《中华人民共和国治安管理处罚法》第五十条

有下列行为之一的，处五日以下拘留或者一千元以下罚款；情节较重的，处五日以上十日以下拘留，可以并处一千元以下罚款：

（一）写恐吓信或者以其他方法威胁他人人身安全的；

（二）公然侮辱他人或者捏造事实诽谤他人的；

（三）捏造事实诬告陷害他人，企图使他人受到刑事追究或者受到治安管理处罚的；

（四）对证人及其近亲属进行威胁、侮辱、殴打或者打击报复的；

（五）多次发送淫秽、侮辱、恐吓等信息或者采取滋扰、纠缠、跟踪等方法，干扰他人正常生活的；

（六）偷窥、偷拍、窃听、散布他人隐私的。

有前款第五项规定的滋扰、纠缠、跟踪行为的，除依照前款规定给予处罚外，经公安机关负责人批准，可以责令其一定期限内禁止接触被侵害人。对违反禁止接触规定的，处五日以上十日以下拘留，可以并处一千元以下罚款。

《中华人民共和国治安管理处罚法》第五十一条

殴打他人的，或者故意伤害他人身体的，处五日以上十日以下拘留，并处五百元以上一千元以下罚款；情节较轻的，处五日以下拘留或者一千元以下罚款。

有下列情形之一的，处十日以上十五日以下拘留，并处一千元以上二千元以下罚款：

（一）结伙殴打、伤害他人的；

（二）殴打、伤害残疾人、孕妇、不满十四周岁的人或者七十周岁以上的人的；

（三）多次殴打、伤害他人或者一次殴打、伤害多人的。

《中华人民共和国治安管理处罚法》第六十条

以殴打、侮辱、恐吓等方式实施学生欺凌，违反治安管理的，公安机关应当依照本法、《中华人民共和国预防未成年人犯罪法》的规定，给予治安管理处罚、采取相应矫治教育等措施。

学校违反有关法律法规规定，明知发生严重的学生欺凌或者明知发生其他侵害未成年学生的犯罪，不按规定报告或者处置的，责令改正，对其直接负责的主管人员和其他直接责任人员，建议有关部门依法予以处分。

· 课后练习 ·

1. 请思考自己在与同学相处过程中，是否存在过不友好的行为？如果有，应如何改正？如果没有，又应如何继续保持良好的交往方式？

2. 除了本讲所探讨的几个因素，还有哪些原因可能导致学生成为欺凌者？

3. 请探讨家庭和学校在引导未成年人避免成为欺凌者方面所能发挥的作用。

4. 学校以何种方式开展"预防欺凌"的教育活动更为恰当？

课程导读

　　在学生欺凌中，旁观者所扮演的角色往往具有双重影响力，其行为方式不仅可能在无形中助长欺凌者的气焰，还可能成为结束伤害、保护同学的重要转机。具体来说，旁观者的沉默纵容会对欺凌行为起到推波助澜的效果，及时的劝阻或求助则能有效阻断伤害。旁观者还可以为被欺凌者提供关键的情感支持。本讲将深入探讨旁观者在学生欺凌事件中的作用，给出预防和干预学生欺凌事件发生的具体措施，从而使旁观者以更加积极的姿态参与到反欺凌行动中。

情景引入

　　放学后，小燕独自走在回家的路上。突然，她看到同班的小宇被几个高年级学生堵在角落，高年级学生推搡着向小宇索要零用钱，小宇一边退缩一边无奈地掏出钱。小燕的脚步不由自主地慢了下来，想要上前帮助小宇，但看到周围经过的同学低头加快步伐，有人故意转开视线，有人甚至绕道而行。小燕也因此开始动摇，担心自己介入后成为下一个被欺负的目标。内心的挣扎让小燕无法立即作出决定，最终在"多一事不如少一事"念头的裹挟下，小燕也选择了快步离开。

想一想

　　1. 在本次欺凌事件中，小燕扮演了什么角色？

　　2. 对于小燕的行为，你怎么看？在害怕的同时，有没有什么方法既能保护自己，又能帮助小宇摆脱困境呢？

一、科学地采取积极行动

学生欺凌对一个学生造成的伤害是严重且不可逆的，每一起欺凌事件都是对旁观者勇气的考验。不管是作为同学、朋友、还是陌生人，确保自身安全是我们的本能选择，但这并不妨碍我们在他人受到欺凌时以科学的方式伸出援手，积极采取行动。

1. 直接干预

作为积极作为的旁观者，在采取行动直接介入学生欺凌时，应遵循安全优先原则，具体可以采用以下分阶介入策略。

（1）初期介入

在保证自身安全的前提下，可通过自然介入的方式打破欺凌情境，避免直接与欺凌者发生冲突。具体可以通过询问时间、故意掉落物品，或提出帮助被欺凌者捡起掉落的东西等方式尝试分散欺凌者的注意力，以此打断欺凌行为，同时为受欺凌者创造脱身机会。

（2）适度干预

如果情况安全且可控，还可以尝试以直接但非对抗性的方式缓解紧张局势。比如与欺凌者保持 1.5 米左右的安全距离，以平和态度明确表达"这样的行为会伤害同学"的立场，并通过"我们可以冷静处理"等中性表述引导局面缓和，切忌使用指责性语言。

（3）群体响应

集体的力量更能有效地阻止欺凌行为，如果情况允许，可联合在场同学形成声援力量，通过鼓励其他目击者一起介入、大声呼喊引起周围人的注意，或分头寻求教师协助等方式形成群体响应，利用公众的力量来制止欺凌行为。

但需要注意的是，在双方力量悬殊、存在暴力风险或自己没有把握的情况下，应尽可能避免单独面对欺凌者，即不通过直接干预的方式来介入欺凌事件。间接干预方案通常包括记录关键信息、通过隐蔽方式向被欺凌者传递支持信号，以上策略同样能构成有效干预链环。

2. 寻求帮助

在自己感到害怕或者不知道如何应对的情况下，积极作为的旁观者应主动寻求外界介入，向老师、学校管理人员或其他成年人报告欺凌事件。

在目睹欺凌行为发生时，旁观者可以在不引起欺凌者注意的情况下，利用手机或其他设备收集欺凌者实施欺凌行为的证据，如拍摄现场照片、录制视频或保存电子通讯记录等。

在目击欺凌行为后，旁观者应主动向老师、学校管理者或家长等可信赖的成年人报告，及时制止欺凌行为，并为被欺凌者提供必要的支持。同时，在报告过程中，旁观者应确保自己的行为不会引起欺凌者的报复，如果有任何危及自身安全的迹象发生，必须立即告知成年人并寻求对自己的必要支持。

此外，在日常的校园学习中，学生应主动了解学校的反欺凌政策和程序，这样其作为旁观者在报告时可以更清楚地了解报告的对象及预期的处理流程。

3. 情感支持

为被欺凌者提供情感支持亦是积极作为的旁观者可以采取的一种有效行动，旁观者可以通过简单问候、提供帮助或单纯陪伴来表达对被欺凌者的关心，从而减轻被欺凌者的心理压力，并帮助其恢复自信。

具体而言，旁观者可以给予被欺凌者一个安全的空间来表达他们的感受和经历。在事件发生后，将被欺凌者引导至图书馆休息区等安全空间，用"我注意到你最近情绪不好"的开启式话语建立沟通。在此过程中，旁观者应耐心地倾听被欺凌者的陈述，不要打断，也不要急于给出建议，因为让被欺凌者知道有人愿意倾听自己的故事对他们而言就是极大的安慰。

此外，旁观者可以对被欺凌者的经历表示同情，让他们知道自己并非孤立无援且其感受是合理的，同时询问被欺凌者是否需要帮助，如陪同他们去向老师或学校管理者报告欺凌事件，或帮助他们找到来自学校心理辅导教师的专业支持。

当然，在欺凌事件后，旁观者还可以持续关注被欺凌者的状态，邀请他们参加课外活动或社交活动，帮助其建立积极的人际关系，拓宽社交圈，减少孤立感。

4. 预防共助

构建可持续的学生欺凌预防与应对体系需要形成多方联动的共治格局。其中，学生群体作为校园生态的重要组成，可通过结构化活动设计推动防治认知的持续深化。具体而言，可以定期组织跨班级的"反欺凌主题月"，每月设置不同维度的实践模块；在认知启蒙周开展情景剧展演，由学生自编自导欺凌事件，体验不同角色；在技能实践周引入"校园调解员"模拟训练，学习如何辨识语言暴力信号、如何运用非对抗话术化解冲突；在文化共建周发起"友善角落"设计大赛，鼓励学生重新规划走廊、食堂等公共空间的互动方式……由此在提升旁观者参与深度的同时，通过各项活动强化防治意识。

同时，在校园范围内建立分级化的学生自治组织网络。在班级层面成立5至7人的安全观察员小组，负责日常记录潜在风险点并定期轮值汇报；年级层面组建由心理委员、班干部组成的"反欺凌行动委员会"，统筹策划防治活动，以此建立快速响应通道；校级层面则联合学生会发起"校园安全提案制"，每学期收集并实施由学生设计的防治方案，如优化监控盲区照明系统、设置匿名举报信息亭等，从而保障学校行动方案切实贴合学生的实际需求。

二、避免成为学生欺凌的帮凶

旁观者的态度与行动对于遏制还是助长学生欺凌至关重要。要打破旁观者中"附和者"的助推或"局外人"的沉默，除了要求其采取行动外，还需深入了解旁观者此前不作为或不敢作为的原因，并从外界采取针对性的预防措施。在此基础上，可以通过建立一个支持性的环境、提供必要的资源及培训以确保旁观者的行为得到认可和保护，进而增强其行动意愿。

1. 不作为的成因分析

消极作为的旁观者在学生欺凌事件中的不作为是一种复杂的现象，其受到多种因素的综合影响。其中，缺乏共情能力是一个关键因素。共情能力指个体理解和感受他人情绪的能力。如果旁观者无法感受到被欺凌者的痛苦和恐惧，他们可能认为事不关己，从而选择袖手旁观甚至推波助澜。此外，自我效能感在旁观者是否作为中也扮演着重要角色。若旁观者缺乏应对欺凌这一特定情境能力的信念，认为自己的介入无法改变局面或害怕因此受到报复时，可能选择保持沉默或者附和。

除了以上心理因素，社会环境和文化背景也会对旁观者的行为产生影响。例如，如果校园文化容忍或忽视欺凌行为，则旁观者会认为介入是无效的或不被鼓励的。同时，来自同龄人的压力和获得群体认同的需求也可能促使个体选择顺应而非反抗欺凌行为，旁观者会因为担心被排斥或失去社交地位而选择不采取行动。

此外，旁观者的反应很大程度上受教育环境的影响。当学校教育中缺乏系统的道德责任培养，或学生对欺凌行为的社会后果缺乏深刻认知时，旁观者往往容易陷入"事不关己"的认知误区，无法意识到自身沉默可能加剧被欺凌者创伤的严重性。更值得关注的是，成人世界的示范效应对于初中生而言具有决定性意义。若教师对校园冲突选择性忽视，或家长在处理孩子社交纠纷时秉持"息事宁人"态度，则初中生可能潜移默化地习得类似的应对模式。因此，构建多层级的正向示范系统，比单纯谴责旁观者失声更具建设性意义。

2. 多维度开展旁观者教育

旁观者中保护者的积极介入是防止和干预学生欺凌的重要手段。为了有效预防和干预学生欺凌现象，对旁观者进行教育显得尤为重要，这一教育过程需要家长、老师及学校管理层的全方位参与。通过角色扮演、案例分析、观看视频等多种形式的反欺凌教育，学生可以充分认识到积极作为的旁观者阻止欺凌行为的重要性，并增强旁观者积极介入欺凌的意愿，最终促使旁观者中的保护者挺身而出。

在家长层面，家长需在日常生活中调整自己的教育方式，警惕自身言行对孩子价值观的潜移默化影响。通过摒弃暴力或专制的教养方式，转而采用开放式沟通与共情引导，可以有效帮助孩子建立"尊重差异"的正确价值观。例如，通过具体案例分析、角色扮演游戏和观看相关教育视频等互动式教育方法让孩子在直观理解欺凌行为连锁后果的同时，通过角色换位培养共情能力，更好地理解被欺凌者的感受，不做冷漠的"旁观者"。特别值得注意的是，当家长与孩子共同分析欺凌事件时，代入式讨论比单纯说教更具教育效果，应着重引导孩子思考"如果我是当事人会如何感受"，从而鼓励他们在实际遇到欺凌行为时能够勇敢地站出来。

在学校层面，学校应重视培养学生的人际交往能力和团队合作精神，通过组织各类团队活动和社交技能培训，帮助学生建立广泛的友谊，增强彼此间的信任和支持。学校还应打造互相包容、相互尊重的校园文化，让每个学生都感受到自己是学校大家庭中不可或缺的一员。心理辅导教师在这一过程中扮演着至关重要的角色，不仅负责向学生传授心理健康知识，提高学生对自身情感和行为的认识，还承担着教育学生如何以健康的方式应对社会现象的责任。因此，心理辅导教师通过在课程教学中加入社会心理学的内容，特别是讨论旁观者效应及其在学生欺凌中的体现，可以让学生更有效地理解这一效应背后的心理机制，从而强调旁观者中保护者的行动对阻止欺凌的重要性。此外，老师应以身作则，无论是在课堂上还是校园生活的其他方面，公平、公正地对待每一位学生，避免任何形式的偏见和歧视。在处理冲突时，班主任和科任教师应尤其注重采取建设性的方法来解决问题，而非仅仅依赖惩罚。通过惩教结合的方式，化解学生间的矛盾冲突，培养同理心和社会责任感，才能在根本上减少欺凌行为的发生。

知识拓展

旁观者效应

旁观者效应在社会心理学中多用来描述多人目击紧急情况时，个人采取行动的可能性却随之降低的现象。

在学生欺凌这一背景下，旁观者效应尤为显著。当欺凌行为发生时，周围的学生可能因为认为其他人会采取行动，或是担心自己的行为会受到负面评价，而选择不介入。这种心理机制导致欺凌行为往往得不到及时制止，从而使被欺凌者长时间处于无助的状态。因此学校和家长需要通过教育和培训，增强学生的责任感和同理心，鼓励他们在确保安全的前提下，勇敢地站出来，成为阻止欺凌行为的积极力量。

家长与老师还应协同构建反欺凌教育闭环。通过设计社区服务、角色扮演工作坊等家庭与学校联动的实践项目，让学生在真实情境中演练反欺凌技能，将道德观念转化为可操作的行为准则。同时，定期家校沟通是确保教育连贯性的关键。家长和老师应该定期沟通，共同制定行为引导策略，确保双方对孩子的教育和行为指导是一致的，帮助学生在校园内外养成积极的行为习惯。如当旁观者积极介入欺凌事件时，老师可引导其通过安全方式记录证据，学校应公开表彰其勇气，家长应给予情感肯定，形成正向循环。这样家长、老师、学校才能真正与学生一同优化学习环境，将更多的消极旁观者转变为积极保护者，共同营造和谐美丽的校园氛围。

案例解析

　　小燕因其体型稍胖而时常成为有些同学取笑的对象。课间，小霞等几个同学把她围在角落里，嘲笑她穿校服显得又矮又胖，有时还故意伸脚绊倒她。周围同学有的窃笑，有的装作没看见，没有人上前阻止。欣欣作为小燕的好朋友一直默默观察着这一切，内心挣扎着。最终，当小燕再次被绊倒，手里的书本散落一地时，欣欣鼓起勇气走上前去，帮助小燕捡起了书本，并轻声安慰她。然而，事情并未就此结束，几天后欣欣发现自己的书本上被倒了墨水，小霞等同学则在一边冷笑，说道："看你还敢多管闲事！"尽管如此，欣欣并没有退缩，她立刻找到了班主任曹老师，述说了自己和小燕的遭遇，曹老师立即对小霞等同学进行了严肃处理。在班会课上，欣欣呼吁大家共同反对学生欺凌。

　　请你思考，欣欣在对小燕伸出援手之前的顾虑是什么？如果你是欣欣，你还有不同的做法吗？

法条链接

《中华人民共和国未成年人保护法》第一百三十条第三款

学生欺凌，是指发生在学生之间，一方蓄意或者恶意通过肢体、语言及网络等手段实施欺压、侮辱，造成另一方人身伤害、财产损失或者精神损害的行为。

《未成年人学校保护规定》第二十一条第二款

学生之间，在年龄、身体或者人数等方面占优势的一方蓄意或者恶意对另一方实施前款行为，或者以其他方式欺压、侮辱另一方，造成人身伤害、财产损失或者精神损害的，可以认定为构成欺凌。

课后练习

1. 你知道当有同学遇到欺凌事件时，周围的同学通常是如何应对的吗？他们是选择站出来阻止，还是寻求老师或家长的帮助？试着描述一下他们的反应，并思考一下为什么会有这样的行为。

2. 如果你目睹了欺凌事件，你又会如何作出反应？

3. 学校和家庭可以通过开设专门的课程或组织角色扮演等互动活动，帮助我们学会在遭受欺凌时积极应对。除此之外，你认为还有哪些方法能够培养我们成为积极干预的保护者，而不是冷漠袖手的旁观者呢？

如何应对肢体欺凌

课程导读

　　对特定人直接进行身体伤害，如推搡、踢打、群殴等行为，就涉嫌构成肢体欺凌。肢体欺凌作为最易辨认的一种欺凌形式，在初中阶段较为常见，该行为不仅会对被欺凌者造成肉体上的痛苦，还可能使其产生严重的心理创伤。本讲将探讨肢体欺凌的定义、表现形式及其对被欺凌者和旁观者的影响，帮助掌握应对肢体欺凌的策略，增强自我保护意识，培养健康的同学关系。

情景引入

　　小楠作为班长，成绩优异，性格开朗，然而这似乎成了某些同学眼中的"弱点"。在课间自由活动时，大名等几名同学总把小楠逼到操场或走廊的角落，有意无意地推搡他，甚至在走廊里故意冲撞他，使其跌倒在地，然后借口不小心就跑掉了，小楠往往只能自己爬起，默默忍受。尽管有些同学目睹了这些行为，却无人为之发声，这种沉默在无形中助长了大名等人的气焰，使得小楠的处境变得更加孤立无援。小楠忍无可忍，最终将事情经过报告给班主任曹老师，曹老师了解原委后对大名等同学进行了严肃的处理，并帮助他们与小楠修复关系，同时对其他同学进行了反欺凌教育，班级中同学间互帮互助的氛围也变得浓郁了。

想一想

　　1. 小楠是否受到了肢体欺凌？判断的理由是什么？

　　2. 本次事件中没有同学敢于出声阻止，可能的原因有哪些？

　　3. 如果你是小楠的朋友或同学，你会如何帮助他？

一、肢体欺凌的定义、特征与危害

1. 什么是肢体欺凌

肢体欺凌又称身体欺凌，是欺凌行为中最为明显且直接的一种形式。肢体欺凌作为一种侵略性行为，其核心在于通过身体力量对个体进行直接的攻击。对于处于青春期的初中生而言，肢体欺凌不仅会在短期内对被欺凌者造成肉体伤害，长期来看还可能导致被欺凌者心理上承受极大压力，情况严重的还可能导致死亡。

目前，可能构成肢体欺凌的主要表现形式有：

（1）物理攻击

使用身体力量直接对他人身体进行的侵犯行为，包括扼喉、殴打、脚踢、抓咬等限制他人呼吸或造成身体疼痛的行为，以及吐口水、扯头发、扇耳光等侮辱性的身体攻击。

（2）身体恐吓

通过身体动作或姿态表达威胁，使他人感到害怕和不安的行为。身体恐吓不一定伴随着实际的身体接触，可以是威胁性的手势、逼近他人等行为，但足以造成被欺凌者的心理恐惧，让对方感到不安。

（3）故意冲撞

在行走或活动中有意地撞击他人，造成对方身体上的不适。该种行为往往出于恶作剧、报复或其他恶意目的，不仅会导致被欺凌者身体受伤，还可能引发进一步的冲突。

2. 肢体欺凌的特征

现实中，实施肢体欺凌的通常是在年龄、身形或者人数等方面占优势的一方，通过预谋对被欺凌者进行攻击。这种行为是故意的，带有恶意，并对被欺凌者造成直接和潜在的危害。具体而言，肢体欺凌的特征主要表现在以下几个方面。

（1）直接性

与言语欺凌、社交欺凌等其他形式的学生欺凌相比，肢体欺凌的表现形式更为直接和明显，通常涉及实际的身体接触或明显的身体威胁。

（2）恶意性

肢体欺凌往往带有伤害他人的意图，这种恶意源于对被欺凌者的敌意、嫉妒或其他负面情绪，通过肢体攻击形式表达。但是，恶意的前提是欺凌者"有意为之"，否则不构成肢体欺凌。

（3）可见性

肢体欺凌往往涉及明显的身体接触和物理伤害，直接的身体攻击往往难以隐藏，具有一定的可见性。然而，也有部分欺凌者会采取隐蔽方式来避免被发现，使被欺凌者难以寻求帮助，进而导致欺凌行为难以被及时制止。

（4）即时性

肢体欺凌的后果通常是即时显现的，如扼喉、掐、捏、抓挠等行为会造成被欺凌者身体疼痛。

（5）重复性

肢体欺凌通常不是一次性事件，而是一系列重复的伤害行为。欺凌者会因为被欺凌者无力反抗而变得更加大胆，从而导致欺凌行为的持续甚至加剧。但一次蓄意或恶意对被欺凌者的严重身体攻击也构成肢体欺凌。

3. 肢体欺凌的危害

（1）对被欺凌者身体造成即时性伤害

冲撞、殴打、脚踢等肢体欺凌行为往往直接侵犯被欺凌者的人身权益，导致被欺凌者遭受外伤、淤血、骨折，严重情况下甚至可能导致残疾或死亡。

（2）对被欺凌者心理造成长期性影响

肢体欺凌对被欺凌者心理健康的影响深远且复杂。在现实中吐口水、扯头发、扇耳光等侮辱性的身体攻击，不仅会造成被欺凌者身体上的伤害，还可能因此导致其出现恐惧、悲伤、愤怒、焦虑和抑郁等情绪波动。而长期遭受此类创伤的青少年，其心理韧性发展可能受到持续性抑制。调查显示，早期遭受肢体欺凌的个体，成年后出现创伤后应激障碍（PTSD）症状的比例显著高于普通人群。这种负面心理效应可能通过神经内分泌系统改变，形成跨阶段的心理健康隐患，最终导致长期遭受学生欺凌的初中生在成年期抑郁、焦虑障碍高发，甚至存在自杀的风险。因此，肢体欺凌不仅会造成即时伤害，更可能在受害者心理发展轨迹中埋下长期隐患，贯穿被欺凌者的一生。

（3）对被欺凌者学业造成负面性影响

肢体欺凌往往导致被欺凌者害怕上学，甚至出现逃课或辍学的行为。此外，被欺凌者可能因为被恐惧和焦虑的情绪裹挟，无法在课堂上集中注意力，进而影响学习效果。长此以往，经常性的逃避行为会导致被欺凌者失去对学习的兴趣，最终影响其未来发展。

（4）对校园秩序造成破坏性影响

肢体欺凌对校园秩序的破坏具有隐蔽性与扩张性。当初中生目睹或直面暴力场景时，其对学校制度的信任感会迅速瓦解，并削弱对学校的归属感，使得学校的人际环境变得紧张，而和谐的校园氛围一旦被破坏，会导致人际边界硬化、群体分化加剧，并催生群体性失范行为，由此形成恶性循环。此外，长期存在肢体欺凌可能导致教学秩序的系统性崩塌。学生旷课、逃学的事件频增，对学校教学秩序产生负面影响，严重破坏校园整体的学习环境。因此，肢体欺凌不仅是对个体的伤害，也是对校园秩序的破坏。

二、肢体欺凌的识别与应对

肢体欺凌不仅对被欺凌者造成直接的身体伤害，还可能引发焦虑、抑郁、社交障碍等一系列心理问题。作为一种常见的学生欺凌形式，肢体欺凌的识别与应对是维护学生身心健康的重要任务。学校、家庭和社会各界需要共同努力，提高对肢体欺凌的识别能力，落实加强教育引导、完善法律法规、提供心理支持等科学的应对策略，从而形成全方位的防控体系。

1. 如何识别肢体欺凌

（1）情绪异常波动

被欺凌者在遭受肢体欺凌后往往会表现出明显的焦虑、紧张或过度警觉，似乎时刻在提防着什么。因此，当学生看起来心事重重、情绪低落或注意力不集中，但无论家长、老师如何询问，总是不愿透露具体原因时，应引起重视，这可能是肢体欺凌的早期信号。现实中，被欺凌者往往害怕再次受到伤害，而不敢向同学、家长和老师倾诉自己的遭遇。

（2）学习态度变化

被欺凌者在遭受欺凌后还会对上学态度发生显著转变，出现明显的焦虑、恐惧与抵触情绪，更有甚者表现出厌学情绪，学习成绩也随之下滑。这种学习态度的异常变化，往往是由于被欺凌者害怕在学校或者上下学时遭受肢体欺凌，从而产生强烈的负面情绪，以至于其无法安心学习。

（3）社交关系异常

肢体欺凌往往带有恶意性，若被欺凌者频繁遭受身体伤害，知道该事件的其他同学也难免心生畏惧，不敢与被欺凌者接近，担心自己会成为下一个目标。因此，当被欺凌者表现出对周围朋友的不信任，或频繁说出"我不想和他们一起玩""没人喜欢我""我没有朋友""你也觉得我很差劲"等消极话语时，他可能正在遭受肢体欺凌，并由于缺乏帮助而感到孤独无助。

（4）行为举止改变

平时性格开朗、活泼且喜欢交流的学生，突然变得沉默寡言，对学习和生活失去了以往的兴趣；原本性情温和的孩子，突然对家人发怒、无故抱怨等。这些变化可能源于肢体欺凌给被欺凌者的心理带来了极大的创伤，造成行为模式出现异常。

（5）作息规律紊乱

肢体欺凌的经历会在被欺凌者的潜意识中留下阴影，使其在夜晚难以安心入睡，或者在梦中重温被欺凌的场景，导致睡眠质量严重下降。因此，如果孩子出现晚睡、失眠、做噩梦或者半夜惊醒等情况，家长应留心观察是否有肢体欺凌事件发生。

（6）身体不适频繁

肢体欺凌带来的恐惧感会引发学生出现头痛、胃痛、肌肉紧张等各种身体不适的症状，但这些症状往往与实际的身体疾病无关，因此，当学生经常精神紧张，连续几天声称自己身体不舒服却拒绝就医，或者就医后症状无明显改善，医生检查也未发现明显病因时，家长和老师需要耐心地询问其是否遭受了肢体欺凌。

（7）身体损伤明显

身体损伤是肢体欺凌最直接的证据。欺凌者在实施肢体欺凌的过程中，可能会用拳头、脚或其他物品击打被欺凌者，导致其身上出现明显的伤痕。因此，当发现学生身上突然出现不明原因的瘀伤、划伤、骨折或愈合的伤口时，家长和老师应仔细追问，了解伤口的具体来源，及时发现并处理问题。

2. 如何应对肢体欺凌

（1）学生应对肢体欺凌的正确做法

➤ 增强自我保护意识，学会识别肢体欺凌行为，并掌握应对技巧；

➤ 迅速离开现场，避免与欺凌者发生直接对抗，特别是在感觉个人安全受到威胁的情况下应第一时间离开；

➤ 无法躲避时，用背包、书本或其他物品保护身体的重要部位，尤其在对方持有危险物品时，尽量避免被对方攻击到头部、颈部、大腿等重要血管部位，防止出现严重出血的情况；

➤ 记下发生的时间、地点和具体情况，事后立刻向老师或家长反映并寻求帮助；

➤ 报告后与学校保持密切沟通，主动配合开展调查工作；

➤ 在调查结果尚未明确前，可以让家长向学校表达调整座位、加强课间监管等正当诉求。

（2）家长应对肢体欺凌的正确做法

➤ 每天与孩子保持良好沟通，经常询问其在学校的生活情况，关注情绪变化，发现孩子存在不愿上学、情绪低落等异常表现时，及时深入了解原因；

➤ 在日常教育中，引导孩子面对肢体欺凌时学会自我保护，积极向家长、老师和学校寻求帮助，避免孩子因欺凌者的威胁而隐瞒事件的发生；

➤ 在发现孩子疑似遭受肢体欺凌时，给予充分的理解与支持；

➤ 当孩子透露可能遭受肢体欺凌的情况时，让其明白责任在于欺凌者而非被欺凌者，防止孩子将问题归咎于自身；

➤ 在发现可能的肢体欺凌后，迅速与班主任联系沟通，要求学校对事件进行调查，确认事件是否存在；

➤ 在确认欺凌事件属实后，与学校商讨切实可行的解决方案，主动配合学校开展各项工作；

➤ 必要时可寻求专业心理咨询师的帮助，对孩子进行心理干预，帮助克服因肢体欺凌带来的心理创伤。

（3）教师应对肢体欺凌的正确做法

➤ 密切关注学生互动，尤其在自由活动时，留意学生之间异常的身体接触或打闹，及时制止可能演变为肢体欺凌的行为；

➤ 利用案例分享、角色扮演等班级活动引导学生正确处理矛盾冲突，反对以暴力解决问题，教会学生遭遇肢体欺凌时的自我保护与求助方法；

➤ 公平公正地对待每一位学生，及时处理学生之间的矛盾纠纷，避免因偏袒或处理不当引发新的矛盾；

➤ 制定班规班纪，将禁止学生欺凌纳入班级纪律要求中，告知学生相应的教育惩戒，提高学生规则意识；

➤ 通过定期沟通与学生建立良好的信任关系，让学生愿意主动向老师倾诉自己遭遇的疑似欺凌问题；

➤ 鼓励学生在看到他人遭受欺凌时及时向老师报告，成为反肢体欺凌的"小哨兵"；

➤ 通过家长会、线上家校沟通等方式，定期向家长反馈学生在校表现与行为变化，发现疑似欺凌迹象时第一时间与家长沟通；

➤ 发现疑似肢体欺凌事件时，立即制止并迅速向学校管理层报告；

➤ 及时与双方家长沟通，表达对被欺凌者家长愤怒、担心等情绪的理解，告知欺凌事件的具体情况，解释学校政策及可能的解决措施，共同商讨解决方案；

➤ 给予被欺凌者充分的关心与支持，提供必要的心理疏导，帮助其走出心理阴影，尽快恢复正常校园生活；

➤ 对欺凌者和欺凌协助者进行严肃批评教育，深入分析欺凌行为背后的成因，通过个别辅导、心理干预等方式引导欺凌者、欺凌协助者认识并改正错误；

➤ 对班级同学加强同理心教育，在看到伙伴疑似遭受肢体欺凌时要当积极作为的旁观者，及时伸出援手。

（4）学校应对肢体欺凌的正确做法

> 开展防欺凌宣教活动，增强学生法治意识和道德意识，向师生及家长普及防欺凌知识；

> 建立防护机制，开放心理咨询室，由心理辅导教师为学生提供心理支持；

> 加强安保，使用监控设备，保障校园安全；

> 发现或接报疑似肢体欺凌事件时，迅速启动应对机制，第一时间控制局面，依法依规展开处置；

> 学生欺凌防治三人小组认定为学生玩笑打闹或一般矛盾冲突的，对相关当事人予以批评教育或教育惩戒；

> 学生欺凌防治三人小组认定为疑似肢体欺凌的，及时提交学校学生欺凌治理委员会，依流程调查认定处置，并形成报告；

> 始终将被欺凌者的利益放在首位，充分考虑受害学生及家长的感受，妥善保护未成年人的隐私，对外回应时保持客观、谨慎的态度，避免对被欺凌者造成二次伤害。

> 为被欺凌者提供全面救助，包括安排医疗救治、开展心理疏导及在必要时协助司法介入，全方位呵护受害学生的身心健康；

> 对欺凌者要严肃处理，及时通知其家长，进行严厉批评教育，让欺凌者认识到错误的严重性，在法律允许的范围内给予教育惩戒，以儆效尤；

> 对轻微的肢体欺凌，由学校进行批评教育或处分，必要时报告并邀请法治副校长进行训诫；

> 对屡教不改或情节恶劣的肢体欺凌事件，学校依法申请将欺凌者送入专门学校接受专门教育；

> 对涉嫌违法犯罪的严重肢体欺凌事件，交由公安机关依法调查处理。

案例解析

小宇因体形较胖而成为大名的欺凌对象。起初，大名在课间休息时，经常嘲笑小宇的外貌，称他为"肥猪"。小宇尝试避开，但大名并未停止错误行为，反而变本加厉。一天，大名当着其他同学的面，在操场角落里强行推搡小宇，并用拳头击打他的肩膀和背部，小宇疼痛难忍，哭着说要告诉老师，大名却威胁他，如果敢声张就会遭到更严重的报复。这一系列恶劣行为持续了近一个月，严重影响了小宇的身心健康。

1. 你对本案例有哪些感想？

2. 请结合本讲学到的相关知识，谈谈如果遇到类似情况，你应该怎样应对？

法条链接

《中小学教育惩戒规则（试行）》第七条

学生有下列情形之一，学校及其教师应当予以制止并进行批评教育，确有必要的，可以实施教育惩戒：

（一）故意不完成教学任务要求或者不服从教育、管理的；

（二）扰乱课堂秩序、学校教育教学秩序的；

（三）吸烟、饮酒，或者言行失范违反学生守则的；

（四）实施有害自己或者他人身心健康的危险行为的；

（五）打骂同学、老师，欺凌同学或者侵害他人合法权益的；

（六）其他违反校规校纪的行为。

学生实施属于预防未成年人犯罪法规定的不良行为或者严重不良行为的，学校、教师应当予以制止并实施教育惩戒，加强管教；构成违法犯罪的，依法移送公安机关处理。

《未成年人学校保护规定》第二十一条

教职工发现学生实施下列行为的，应当及时制止：

（一）殴打、脚踢、掌掴、抓咬、推撞、拉扯等侵犯他人身体或者恐吓威胁他人；

（二）以辱骂、讥讽、嘲弄、挖苦、起侮辱性绰号等方式侵犯他人人格尊严；

（三）抢夺、强拿硬要或者故意毁坏他人财物；

（四）恶意排斥、孤立他人，影响他人参加学校活动或者社会交往；

（五）通过网络或者其他信息传播方式捏造事实诽谤他人、散布谣言或者错误信息诋毁他人、恶意传播他人隐私。

学生之间，在年龄、身体或者人数等方面占优势的一方蓄意或者恶意对另一方实施前款行为，或者以其他方式欺压、侮辱另一方，造成人身伤害、财产损失或者精神损害的，可以认定为构成欺凌。

《中华人民共和国刑法》第十七条

已满十六周岁的人犯罪，应当负刑事责任。

已满十四周岁不满十六周岁的人，犯故意杀人、故意伤害致人重伤或者死亡、强奸、抢劫、贩卖毒品、放火、爆炸、投放危险物质罪的，应当负刑事责任。

已满十二周岁不满十四周岁的人，犯故意杀人、故意伤害罪，致人死亡或者以特别残忍手段致人重伤造成严重残疾，情节恶劣，经最高人民检察院核准追诉的，应当负刑事责任。

对依照前三款规定追究刑事责任的不满十八周岁的人，应当从轻或者减轻处罚。

因不满十六周岁不予刑事处罚的，责令其父母或者其他监护人加以管教；在必要的时候，依法进行专门矫治教育。

《中华人民共和国刑法》第二百三十四条

故意伤害他人身体的，处三年以下有期徒刑、拘役或者管制。

犯前款罪，致人重伤的，处三年以上十年以下有期徒刑；致人死亡或者以特别残忍手段致人重伤造成严重残疾的，处十年以上有期徒刑、无期徒刑或者死刑。本法另有规定的，依照规定。

《中华人民共和国民法典》第一百一十条

自然人享有生命权、身体权、健康权、姓名权、肖像权、名誉权、荣誉权、隐私权、婚姻自主权等权利。

法人、非法人组织享有名称权、名誉权和荣誉权。

《中华人民共和国治安管理处罚法》第五十一条

殴打他人的，或者故意伤害他人身体的，处五日以上十日以下拘留，并处五百元以上一千元以下罚款；情节较轻的，处五日以下拘留或者一千元以下罚款。

有下列情形之一的，处十日以上十五日以下拘留，并处一千元以上二千元以下罚款：

（一）结伙殴打、伤害他人的；

（二）殴打、伤害残疾人、孕妇、不满十四周岁的人或者七十周岁以上的人的；

（三）多次殴打、伤害他人或者一次殴打、伤害多人的。

课后练习

1. 请用自己的话解释什么是肢体欺凌？并列举出几种疑似肢体欺凌的具体表现形式。

2. 你是否遭遇过肢体欺凌？请你分析肢体欺凌可能会对被欺凌者的生理和心理产生哪些不良影响？

3. 如果你是小宇，面对肢体欺凌，你会采取哪些措施来保护自己？请列举一至两种方法。

课程导读

　　对特定人进行嘲笑、讥讽、侮辱、恶意中伤等行为就涉嫌构成言语欺凌。言语欺凌是一种常见的欺凌形式，涉及使用语言作为工具来伤害他人。与肢体冲突不同，言语欺凌不会在身上留下明显的物理痕迹，但对被欺凌者的心理和情感影响非常深远，甚至可能导致长期的心理健康问题。本讲将深入分析言语欺凌的隐蔽性，认识这种欺凌对被欺凌者造成的潜在心理伤害，掌握实用的预防及应对方法。

情景引入

　　小宇紧张时会结巴，因此小吴等几个同学时常模仿并嘲笑他。这让小宇感到非常尴尬和难过，上课回答问题和与同学交流时的声音也越来越小，几乎听不见。小楠发现后站了出来，严肃地对小吴等同学说："取笑别人的缺点是不对的，我们应该互相尊重。"小楠的话虽然令嘲笑声戛然而止，但小宇的尴尬仍未完全消散。

想一想

　　1.如果你目睹了小宇被言语欺凌的情况，你会如何帮助他应对这种尴尬和难过？

　　2.作为班长，小楠可以采取哪些措施来防止类似事件再次发生，并帮助小宇重建自信？

一、言语欺凌的定义与危害

1. 什么是言语欺凌

言语欺凌又称"语言欺凌",是一种通过言语实施的欺凌行为,常见于同学之间。在实际生活中,言语欺凌常与"社交欺凌"交叉进行,欺凌者通过言语攻击或孤立被欺凌者。

可能构成言语欺凌的主要表现形式有:

(1)使用恶意的语言,说脏话、粗话,包括使用粗俗的网络用语;

(2)对同学进行语言威胁、恐吓;

(3)嘲笑揶揄他人,如取绰号;传播谣言和错误的信息,在背后说人坏话;

(4)命令、使唤他人;

(5)指桑骂槐,即表面上骂一个同学,实际上是骂另一个同学;

(6)轻视诽谤他人,对人格、出身、能力、长相等方面进行言语攻击等。

针对形式多样的言语欺凌,识别的关键在于观察和倾听。如果一个同学反复成为被讽刺、嘲笑或侮辱的目标,或者被故意排斥在对话和活动之外,都表明其可能遭到了言语欺凌,被欺凌者可能会表现出突然的自信心下降、社交退缩、情绪波动或学业成绩下滑等现象。此外,如果校园中散布着关于一个同学的谣言或不当评论,也可能是其遭到言语欺凌的表现。

但值得注意的是,并非所有的玩笑和调侃都构成欺凌,言语欺凌通常涉及持续性和恶意性。当欺凌者故意使用言语来伤害、羞辱或控制他人,而被欺凌者感到被言语伤害,并产生了负面情绪,那就可能构成言语欺凌。

2. 言语欺凌的危害

学生通过侮辱歧视性的语言对他人进行人身攻击,给他人的人格尊严、个人名誉、人际关系及心理健康都造成了伤害,这种最经常发生却又最不容易被发现的言语欺凌,也最容易被人忽视。由于言语欺凌的伤害并不是最直接的,除非被欺凌者自己向老师和家长说出情况,否则是很难被发现的,因此,言语欺凌往往对被欺凌者的心理健康伤害最大。

（1）对被欺凌者心理和情感的影响

俗话说，"恶语伤人六月寒"，言语欺凌实际上是一种软暴力。虽然被欺凌者没有受到肢体上的伤害，但这种言语上的欺凌对被欺凌者造成的伤害，并不亚于肢体欺凌，会对初中生人格和心理发展造成长期的负面影响。语言的好坏将直接影响未成年学生的认知能力和思维发展。粗暴恶俗的语言无异于一把"软刀子"，在遭受"语言暴力"后，被欺凌者可能性格变得暴躁、易怒，内心充满仇恨，为发泄不满，可能对他人和社会采取过激行为，形成"攻击型人格"。

在实际生活中，言语欺凌往往伤害人的自尊、伤及对方心中最脆弱的地方，被欺凌者会因为持续的负面评价而开始怀疑自己的价值，感到自己不被接受和尊重。在遭受言语欺凌后，被欺凌者会经历包括悲伤、愤怒、焦虑和抑郁在内的各种情绪波动，这些情绪问题不仅影响日常生活，还可能影响学习和社交能力。特别是有些初中生因为家庭原因已经在内心投下了阴影，可言语欺凌往往又是朝最痛楚的伤疤上猛刺，特别容易让心理受到二次伤害。久而久之，被欺凌者会在心灵深处产生自卑心理，可能随之出现逃避、辍学现象，甚至出现精神问题。

（2）对校园氛围的负面影响

当校园中出现言语欺凌而未能得到及时有效的制止时，会引发一系列负面后果。初中生之间可能会产生信任危机，每个人都可能担心自己成为下一个被攻击的目标。这种持续的言语攻击环境会削弱学生的安全感，影响大家对学校的态度，一些学生甚至可能因此不愿上学。

言语欺凌还破坏了校园内本应存在的和谐与尊重氛围，取而代之的是嘲讽、歧视和排斥，这些负面文化对所有初中生都可能产生不良影响。长期处于这样的环境中，学生可能会逐渐失去对社会正义的关注和责任感，变得冷漠和自私。言语欺凌者本身也可能因为其行为而遭到同伴的排斥，导致社交圈缩小，最终陷入孤立状态。而这些不良的人际关系还会增加学生辍学、犯罪和引发心理疾病的风险。

对于目睹言语欺凌的旁观者来说，他们可能因为害怕自己也成为目标而选择沉默和退缩，成为欺凌行为的局外人。这种恐惧和沉默助长了言语欺凌的滋生和蔓延。因此，学校和家长需要共同努力，提高对言语欺凌危害的认识，采取措施预防和干预，营造安全、包容的学习环境。

二、言语欺凌的预防与应对

预防和应对言语欺凌对于建立和谐校园而言至关重要。作为学校的一分子，每位师生都有责任和能力参与到这一过程中，从日常生活中的小事做起，积极采取措施预防言语欺凌的发生。每一位学生在目睹或经历言语欺凌时要勇敢地站出来，无论是通过直接干预还是寻求帮助等方式，来制止言语欺凌行为继续发生。

1. 如何预防言语欺凌

（1）培养同理心和尊重他人的价值观

为了预防言语欺凌，学校和家庭应致力于培养孩子的同理心和尊重他人的价值观。通过角色扮演和团队建设活动，让学生体验不同视角，理解言语如何影响他人，从而帮助学生在彼此尊重的环境中成长，减少言语冲突和欺凌行为的发生。

（2）强化正面同伴关系

同伴关系在青少年成长中扮演着重要角色。强化正面的同伴关系有助于减少排斥和嘲笑等言语欺凌行为，帮助学生在互相支持的环境中成长。学校可以通过组织课外活动和团队合作项目，促进学生之间的正面互动，培养团队精神。

（3）重视网络文明用语教育

在数字时代，言语欺凌常常在网络上发生，学校和家长应教育学生网络文明用语的重要性，包括如何安全地使用社交媒体和网络资源。通过教育学生识别网络信息，可以使其避免遭受网络言语攻击，减少欺凌事件的发生。

（4）建立早期预警系统

学校应建立早期预警系统，及时发现和干预言语欺凌行为，具体包括培训教师和学生识别言语欺凌的迹象，提供安全和匿名的渠道，让学生和家长可以报告可疑行为，从而进行早期识别和干预，防止言语欺凌的升级。

2. 如何应对言语欺凌

（1）保持清醒的头脑

有的同学一遇到言语上的攻击就很容易被激怒，做出不理智的举动，或者惊慌失措，乱了阵脚，这都不利于解决实际问题。当遇到言语欺凌的时候，不要害怕，应当冷静下来，保护好自己，理智地寻找解决办法。

（2）不要激怒对方

学会察言观色，不要因为想保护自己而激烈反抗，特别是当对方人数较多时，一定要采取智力取胜的方式。在最大限度地保护自己的同时，做到心平气和地与对方沟通交流，注意自己的语言表达，不要因为害怕激怒对方，就低着头说话，不敢正视对方的眼睛，这样会让对方看出你的恐惧。如果对方人数较多，无法摆脱时，可以在不伤害自己或是避免更大伤害的情况下先答应对方的要求，尽快离开言语欺凌发生的现场。

（3）记住对方是谁

在学生欺凌发生的现场，要用心记下对方是谁，便于后续处理。特别是记住带头用言语威胁你的同学的姓名、外貌等，以便向老师和家长求助。

（4）尽快报告

在离开学生欺凌事发现场之后，尽快将言语威胁发生的前因后果告知家长或者老师，相信家长和老师都会最大限度地保护你的安全，不会让你再次受到学生欺凌的伤害。

（5）及时调整心态

在事情发生之后，应当及时地调整自己的心态，有必要时可以找心理辅导教师，千万不要把烦心事闷在心里，第一时间向老师、家长、朋友倾诉，他们一定会关心你、保护你、帮助你。

案例解析

小燕是一个性格内向、腼腆的女生，课后经常自顾自地读英语短文，希望能通过这种方式锻炼自己的口语。但渐渐地，她听到一些同学在背后议论她，有人笑她"读得像个机器人"，还有人嘲笑她"故意出风头，装得比别人用功"。她并没有把这当成太大的问题，毕竟自己只是希望提升英语水平。

然而，事情并没有就此结束，小燕为了与同学们拉近关系，尝试手绘生日贺卡、邀请同学一起活动，希望借此消除大家的误解。然而嘲笑现象越来越严重，同学们纷纷在背后说小燕"怪怪的""做什么都不合群"。这些言语像针一样刺痛着小燕，让她觉得自己是班级里的"异类"。面对周围同学的冷嘲热讽，小燕逐渐变得沉默寡言，甚至害怕上学。

1. 根据小燕遭遇的言语欺凌，谈一谈言语欺凌对一个人的心理可能造成哪些伤害？

2. 如何在学校环境中创建一个更加包容、尊重的社交氛围，减少言语欺凌对学生的伤害？

3. 老师和同学们可以采取哪些措施来帮助像小燕这样的学生融入集体？

法条链接

《中小学教育惩戒规则（试行）》第七条

学生有下列情形之一，学校及其教师应当予以制止并进行批评教育，确有必要的，可以实施教育惩戒：

（一）故意不完成教学任务要求或者不服从教育、管理的；

（二）扰乱课堂秩序、学校教育教学秩序的；

（三）吸烟、饮酒，或者言行失范违反学生守则的；

（四）实施有害自己或者他人身心健康的危险行为的；

（五）打骂同学、老师，欺凌同学或者侵害他人合法权益的；

（六）其他违反校规校纪的行为。

学生实施属于预防未成年人犯罪法规定的不良行为或者严重不良行为的，学校、教师应当予以制止并实施教育惩戒，加强管教；构成违法犯罪的，依法移送公安机关处理。

《未成年人学校保护规定》第二十一条

教职工发现学生实施下列行为的，应当及时制止：

（一）殴打、脚踢、掌掴、抓咬、推撞、拉扯等侵犯他人身体或者恐吓威胁他人；

（二）以辱骂、讥讽、嘲弄、挖苦、起侮辱性绰号等方式侵犯他人人格尊严；

（三）抢夺、强拿硬要或者故意毁坏他人财物；

（四）恶意排斥、孤立他人，影响他人参加学校活动或者社会交往；

（五）通过网络或者其他信息传播方式捏造事实诽谤他人、散布谣言或者错误信息诋毁他人、恶意传播他人隐私。

学生之间，在年龄、身体或者人数等方面占优势的一方蓄意或者恶意对另一方实施前款行为，或者以其他方式欺压、侮辱另一方，造成人身伤害、财产损失或者精神损害的，可以认定为构成欺凌。

《中华人民共和国民法典》第九百九十条

人格权是民事主体享有的生命权、身体权、健康权、姓名权、名称权、肖像权、名誉权、荣誉权、隐私权等权利。

除前款规定的人格权外，自然人享有基于人身自由、人格尊严产生的其他人格权益。

《中华人民共和国民法典》第九百九十一条

民事主体的人格权受法律保护，任何组织或者个人不得侵害。

《中华人民共和国民法典》第九百九十五条

人格权受到侵害的，受害人有权依照本法和其他法律的规定请求行为人承担民事责任。受害人的停止侵害、排除妨碍、消除危险、消除影响、恢复名誉、赔礼道歉请求权，不适用诉讼时效的规定。

《中华人民共和国民法典》第一千零二十四条

民事主体享有名誉权。任何组织或者个人不得以侮辱、诽谤等方式侵害他人的名誉权。

《中华人民共和国治安管理处罚法》第五十条

有下列行为之一的，处五日以下拘留或者一千元以下罚款；情节较重的，处五日以上十日以下拘留，可以并处一千元以下罚款：

（一）写恐吓信或者以其他方法威胁他人人身安全的；

（二）公然侮辱他人或者捏造事实诽谤他人的；

（三）捏造事实诬告陷害他人，企图使他人受到刑事追究或者受到治安管理处罚的；

（四）对证人及其近亲属进行威胁、侮辱、殴打或者打击报复的；

（五）多次发送淫秽、侮辱、恐吓等信息或者采取滋扰、纠缠、跟踪等方法，干扰他人正常生活的；

（六）偷窥、偷拍、窃听、散布他人隐私的。

有前款第五项规定的滋扰、纠缠、跟踪行为的，除依照前款规定给予处罚外，经公安机关负责人批准，可以责令其一定期限内禁止接触被侵害人。对违反禁止接触规定的，处五日以上十日以下拘留，可以并处一千元以下罚款。

课后练习

1. 请用自己的话解释什么是言语欺凌？请列举几种疑似言语欺凌的具体表现形式。

2. 如果你是小燕，面对言语欺凌，你会采取哪些措施来保护自己？请列举一至两种方法。

课程导读

　　通过威胁或强迫手段索取或破坏特定人的财物，进而对受害者造成财物和心理上的双重损害的行为，涉嫌构成财物欺凌。财物欺凌往往与权力失衡、恐惧和不安全感相关，极易被忽视，但后果可能比肢体欺凌更为持久和隐秘。本讲将探讨财物欺凌的定义、常见情景、对学生心理的影响，以及学生应对财物欺凌的具体策略。

情景引入

　　小菲是一名喜欢运动的女生，一直用表姐送的运动水壶喝水。最近小霞等几名同学开始故意嘲笑小菲的水壶，说它"太旧了，不配和其他水壶放在一起"。他们多次拿走小菲的水壶，故意把它扔到教室角落或走廊里，威胁小菲如果敢告诉老师，就会让她"每天都找不到学习用品"。看到的同学有的选择回避，假装没看到；有的则在一旁幸灾乐祸，嘲笑小菲"胆小"。小菲开始变得消沉，不愿再带任何个人物品到学校，也不愿参加班级活动。

想一想

1. 小菲是否遭受了学生欺凌？这是一种什么形式的欺凌？

2. 在这个情境中，有哪些不同的角色？他们分别采取了哪些行动？

3. 假如你是旁观者，你可以采取什么样的行动帮助小菲？

一、财物欺凌的定义与危害

1. 什么是财物欺凌

财物欺凌的实施者通常具有某种权力优势，如人数众多、体格强壮或社会影响力大。他们利用这些优势胁迫他人，达到获得物质利益的目的。与肢体欺凌或言语欺凌相比，财物欺凌往往更加隐蔽。欺凌者可能以"借用"或"帮忙保管"等为借口进行操作，旁观者有时无法识别这是欺凌行为。因此老师需要敏锐地观察学生之间的物品流动情况，尤其是那些看似频繁的"借用"行为背后可能隐藏的欺凌问题。

财物欺凌是学生欺凌的一种常见形式，尤其是在初中阶段，学生正处于心理和社会认知的快速发展时期，对财物价值的认知、社交地位的认同、群体中的互动规则都还不够成熟，因此容易实施或参与财物欺凌。

可能构成财物欺凌的主要表现形式有：

（1）强行索要和长期占有

初中阶段，学生对时尚的书包、电子设备、文具等物品的需求感增加，而拥有时尚的物品在同龄人中容易成为炫耀的资本，部分学生可能会强行索要或借走他人拥有的物品而不归还，有的甚至会要求他人直接提供金钱。财物欺凌常见于同班同学、朋友之间，欺凌者利用同学间的信任、友情，强迫"借用"对方物品并长期占有；有的财物欺凌则是年长、身体强壮的学生对低龄、身体单薄的学生提出索取金钱的无理要求。

（2）损坏财物作为报复或控制手段

欺凌者为了恐吓或控制他人，可能故意损坏对方的财物，如撕破书包、弄坏文具、摔坏电子设备等，这种行为常出现在课堂、操场或课后活动中，这也涉嫌构成财物欺凌。财物的损坏不仅造成经济上的损失，还会给被欺凌者的心理带来更大的压力，因为这种行为带有明显的威胁意味。

（3）通过财物控制他人关系

在初中生的社交圈中，物质往往与友谊和社交地位挂钩。欺凌者可能通过财物施压他人，要求其提供某些物品、金钱以维持"友谊"或"特权"。被欺凌者可能认为如果不提供物品、金钱，自己会失去朋友或者被孤立。这种行为看似是社交中的"交易"，但实质上是欺凌者利用他人的不安全感进行的控制。

（4）群体性财物欺凌

在某些情况下，财物欺凌并非由一名学生独立实施，而是由多名学生共同参与。群体性欺凌通常更具压力和威胁性，因为被欺凌者面对的是多个欺凌者，难以反抗。这种群体行为常在课间、午休时段或上下学路上发生，学生联合捉弄某一名同学，强迫其交出财物或损坏其物品。

（5）与网络欺凌的结合

随着社交媒体的普及，网络欺凌与现实中的财物欺凌可能会结合在一起。欺凌者可能会拍摄被欺凌者的财物被强占或损坏的照片、视频，上传到社交媒体进行嘲讽或公开羞辱。这种行为加剧了财物欺凌的影响。欺凌行为在网络上扩散后，会使被欺凌者感受到来自更大群体的压力。

2. 财物欺凌的危害

在初中阶段，学生的心理发展正处于快速变化和自我认同逐渐确立的时期。财物欺凌不仅仅体现在表面上的财产损失，其带来的心理影响更为严重。这些影响会渗透学生的自尊心、自我认同、社交关系，以及校园生活的安全感等多个层面，进而影响学习表现和心理健康。

（1）自尊心受损与羞辱感

初中生对自尊心和自我价值感的需求极其敏感。财物欺凌，尤其是涉及个人财物的抢夺、损坏或强制索要的行为，会直接打击被欺凌者的自尊心。被他人控制或破坏个人财产，意味着个人界限被侵犯，个人物品作为自我表达的一部分，失去了应有的尊重。这种侵犯行为会使学生感到自己不被重视或尊重，进一步引发羞辱感。

（2）无力感与心理失控

财物欺凌往往伴随着被欺凌者在经济能力和心理上的无力感。初中生在面对强迫性索要或财物被毁时，通常感到无力应对，尤其是在欺凌者人数众多或具有明显的"权力优势"时。这种无力感不仅体现于经济上的损失，更反映在学生对整个校园生活的控制权上。随着欺凌事件的持续发生，被欺凌者可能逐渐感到自己的生活脱离了掌控。

（3）社交孤立与友谊破裂

初中生在建立社交关系时，往往非常依赖同龄人的认可和自己在群体中的归属感，而财物欺凌可能会破坏这种重要的社交纽带。当一名学生因财物被索要或破坏而遭受欺凌时，他们可能感到与同学的距离越来越远。一方面，欺凌者通过财物控制或恐吓使被欺凌者感到被孤立；另一方面，被欺凌者由于羞辱感和无力感，可能自发地减少与同学的互动，甚至主动疏远社交圈，以避免再次成为目标。

（4）校园安全感缺失

校园应当是学生感到安全和受到保护的地方，然而，当财物欺凌持续发生时，被欺凌者的校园安全感将受到极大的挑战。初中生会开始怀疑自己在校园中的安全性，害怕自己的财物再次受到威胁，或者害怕被同学公开羞辱。这种持续的恐惧感会削弱其对学校的信任，甚至导致他们对老师和学校管理的质疑。

（5）长期的焦虑与抑郁倾向

财物欺凌对初中生的心理影响不仅限于短期的羞辱感和无力感，长时间的欺凌甚至可能导致被欺凌者出现焦虑和抑郁的症状。特别是当欺凌行为没有得到及时制止或有效处理时，心理压力会逐渐累积，转变为持续的焦虑感和无助感。这些情绪不仅影响他们的学业表现，还可能对日常生活产生深远的影响。

二、财物欺凌的预防与应对

应对财物欺凌需要多层次、多角度的干预和预防措施。教师不仅要在日常教育教学中提高学生的防范意识，培养尊重他人财物的品德，还要在事件发生后迅速介入，提供心理和行为上的支持。同时，随着网络科技的发展，财物欺凌逐渐与网络欺凌相结合，因此网络安全教育和防护措施显得尤为重要。

1. 如何预防财物欺凌

（1）提高学生对财物欺凌的意识

老师可以通过多种形式的课堂活动、班会课和德育课，让学生意识到财物欺凌不仅会带来财物的实际损失，更会对被欺凌者心理、情感和社交关系产生长远影响。以下是一些具体的实施方法。

在课堂上讲解一些典型的财物欺凌案例，让学生讨论这些行为的后果，增强对欺凌行为的感知，引导学生从被欺凌者的角度思考问题，体会欺凌所带来的压力和伤害。

模拟不同的财物欺凌情景，让学生分角色扮演欺凌者、欺凌协助者、被欺凌者和旁观者，帮助他们理解各个角色的感受和行为后果。通过这样的活动提高学生的同理心，教大家学会如何在实际情境中有效应对财物欺凌。

引入与欺凌相关的法律和学校规章制度，例如《中华人民共和国未成年人保护法》中的相关条款，普及法律知识，让学生清楚地意识到，财物欺凌不仅是一种不道德的行为，还有可能承担法律后果。

（2）建立积极的校园文化

预防财物欺凌不仅要依靠个别事件的处理，更重要的是营造一种尊重、关爱他人财物的校园文化氛围。通过创建积极的校园文化，老师和学校可以帮助学生养成尊重他人财产的良好习惯，提高集体意识，减少欺凌事件的发生。

老师可以与学生共同制定班级公约，明确规定尊重他人财物、互相帮助的行为准则。学生通过参与规则的制定，提高自身的责任感和执行力。

对表现出尊重他人财物、积极帮助他人的学生，学校和老师可以通过表彰、奖励等方式进行肯定。通过正向激励，强化校园中的正能量氛围，促进学生间的互助和关怀。

定期在班会和家长会上开展有关财物保护的专题讨论，强调家庭教育的重要性。通过家校合作，确保学生不仅能在学校里受到尊重他人财物的教育，还能在家中得到相应的引导。

2. 如何应对财物欺凌

在财物欺凌事件已经发生的情况下，老师应当迅速、敏感地介入，采取有效措施来处理事件，并为被欺凌者提供心理支持和恢复性帮助。

（1）及时介入和调解

一旦发现财物欺凌行为，老师必须立刻介入并采取调解措施。介入时，老师应避免仅仅关注表面上的财物损失，还需要深入了解欺凌背后的动机和关系动态。通过合理的调解，帮助双方理解彼此的感受和行为后果。

老师要第一时间制止财物欺凌行为，明确告诉欺凌者这种行为绝对不可接受，并告知可能的后果。通过严肃而冷静的态度，立即遏制欺凌行为的发展。

调解过程中，老师不仅应当为财物的归还或赔偿作仲裁，还应帮助被欺凌者和欺凌者表达彼此的情感。让欺凌者意识到自身行为对他人的负面影响，并提出如何弥补的具体建议。

（2）提供心理支持

财物欺凌可能会对被欺凌者产生深远的心理影响，因此除了财物赔偿之外，心理支持也是不可忽视的环节。老师应当关注被欺凌者的情绪变化，并在必要时提供心理辅导。

老师可以与被欺凌者进行一对一的沟通，帮助他们表达内心的情感，了解其遭遇的心理困扰，给予安慰和支持。同时，老师可以通过这种方式增强被欺凌者的自信，鼓励他们重新参与班级活动，逐渐恢复对校园生活的信心。

如果被欺凌者的心理受到较大影响，老师应当联系学校心理辅导教师，安排心理疏导，帮助被欺凌者缓解焦虑、恐惧等负面情绪，重建心理平衡。

（3）引入家庭支持

老师在处理财物欺凌事件时，应当积极与家长合作。家长的介入不仅可以为被欺凌者提供更多支持，还可以帮助欺凌者通过家庭的力量反思自己的行为，从根本上杜绝欺凌现象再次发生。

老师应当及时与双方家长沟通，介绍事件经过，并探讨如何通过家庭教育共同解决问题。尤其对于被欺凌者，家长的关心和支持能够增强其安全感，帮助他们从欺凌事件中尽快恢复。

学校可以组织家庭教育工作坊，帮助家长学习如何应对欺凌事件，如何引导孩子建立健康的心理和行为模式，避免其成为欺凌者、欺凌协助者或消极的旁观者。

（4）追踪并阻止与网络欺凌相结合的财物欺凌

网络财物欺凌通常涉及在社交媒体或其他在线平台上对被欺凌者进行公开羞辱、威胁或勒索，需要学校和技术部门合作来追踪和阻止此类行为。

学校应当建立网络举报机制。老师需要鼓励学生积极举报任何形式的涉及财物的欺凌行为，防止欺凌者利用网络传播造成进一步伤害。

学校应与家长和技术部门合作，及时删除或追踪网络上的欺凌信息。对于那些发布不当内容的学生，学校应当立即采取措施，阻止其继续在网络上伤害他人，并通过教育惩戒等手段促使欺凌者反思自己的行为。

案例解析

　　小宇性格较为内向，平时在学校里朋友不多。以大名为首的一些比较活跃的同学，在班级里有一定的"话语权"，经常一起玩耍，形成了一个小团体。开学时小宇的妈妈给他买了一块新款智能手表，小宇非常喜欢，经常戴着。大名看到后心生美慕，便联合小团体里的其他同学，在课间找到小宇，称要借他的手表玩几天。小宇一开始拒绝了，可大名等人态度强硬，说如果不借，以后在学校里就别想好过，还会让其他同学都不和他玩，小宇无奈之下只好把手表给了大名。过了几天，小宇没见大名有归还手表的意向，便去索要。大名不仅不还，还故意当着其他同学的面说小宇小气，一块手表都舍不得借，他当众把小宇的手表扔到了地上说还给小宇，结果手表严重损坏，其他同学也用鄙视的眼光看着小宇。小宇看到损坏的手表，十分难过，但又不敢反抗。他感觉自己被彻底孤立了，精神状态变得很差，对自己也越来越不自信。

　　1. 结合案例，分析大名的行为属于财物欺凌的哪些情景？

　　2. 如果你是小宇的班主任，在得知这一事件后，你会采取哪些应对策略？

　　3. 从预防财物欺凌的角度出发，学校和老师可以采取哪些教育策略，避免类似事件再次发生？

法条链接

《未成年人学校保护规定》第十八条

学校应当落实法律规定建立学生欺凌防控和预防性侵害、性骚扰等专项制度，建立对学生欺凌、性侵害、性骚扰行为的零容忍处理机制和受伤害学生的关爱、帮扶机制。

《未成年人学校保护规定》第二十一条第三项

教职工发现学生实施下列行为的，应当及时制止：

（三）抢夺、强拿硬要或者故意毁坏他人财物。

《中华人民共和国未成年人保护法》第一百三十条第三项

（三）学生欺凌，是指发生在学生之间，一方蓄意或者恶意通过肢体、语言及网络等手段实施欺压、侮辱，造成另一方人身伤害、财产损失或者精神损害的行为。

《加强中小学生欺凌综合治理方案》

中小学生欺凌是发生在校园（包括中小学校和中等职业学校）内外、学生之间，一方（个体或群体）单次或多次蓄意或恶意通过肢体、语言及网络等手段实施欺负、侮辱，造成另一方（个体或群体）身体伤害、财产损失或精神损害等的事件。

该方案中亦明确了预防和处理学生欺凌的措施。

课后练习

1. 财物欺凌可能会给被欺凌者带来哪些心理和情感上的影响？

2. 财物欺凌会给被欺凌者的学校生活和学习带来何种影响？

3. 如果你发现你的朋友或同学正在经历财物欺凌，你会怎么做？你认为哪些措施可以帮助被欺凌者并阻止欺凌行为继续发生？

课程导读

操纵人际关系，恶意排斥、孤立，使特定人无法进行正常的社会交往或者参加社交活动就涉嫌构成社交欺凌。在当今高度互联的社会中，社交欺凌已成为青少年面临的一个严峻问题，这不仅发生在学校内部，还蔓延至社交媒体，对被欺凌者的心理健康和社会关系造成了深远的影响。本讲将深入学习社交欺凌的概念、形式、特点、危害，以及具体的应对方法，鼓励用尊重且包容的态度，积极参与社交环境的改善。

情景引入

小燕因爸爸工作变动转到一所新学校，在新环境中偶遇了小学同学小楠，两人在一起时常会谈起小学生活，以及当时的同学和老师。然而这一举动引起了小霞的不快，她出于嫉妒开始制造谣言，说小燕有事没事就故意缠着小楠说话，使小楠没空和其他同学交流，这让小燕遭到了同学的疏远。小燕性格内向，选择独自承受，情绪变得日益低落，看见小楠就尽量躲开，更不愿再和同学有过多交流。

想一想

1. 你是否注意到学校里有同学故意孤立某位同学，让其他同学都不要和他交往的情况，你认为这属于什么欺凌？

2. 如果你是小楠，你会采取什么措施来帮助小燕摆脱困境？

一、社交欺凌的定义、特征与危害

1. 什么是社交欺凌

社交欺凌又称"关系欺凌""社会欺凌"或"间接欺凌"，是一种通过人际关系进行的隐蔽欺凌行为。社交欺凌不同于直接的身体或言语攻击，对被欺凌者的影响更加深远，社交欺凌者常通过操纵和破坏被欺凌者的社交关系来造成伤害，还可能严重影响被欺凌者的自尊心和心理健康。

具体而言，社交欺凌的主要表现形式有：

（1）刻意排斥：欺凌者可能会故意不让某个人加入他们的活动或游戏，或者在团体中忽视这个人的存在，使被欺凌者感到被孤立。

（2）散布谣言：通过在背后说被欺凌者的坏话或编造关于被欺凌者的不实故事来破坏其声誉，导致其他同学对被欺凌者产生误解。

（3）操纵友谊：欺凌者可能通过威胁或诱惑的方式，阻止其他人与被欺凌者交朋友，或者强迫被欺凌者做出违背自己意愿的事情。

（4）公开羞辱：在同学面前嘲笑或讥讽被欺凌者的个人特征，如外貌、家庭背景或学习成绩，使被欺凌者在公众场合感到尴尬和屈辱。

欺凌者可以利用自己在团体中的"影响力"让其他成员孤立、排斥被欺凌者，也可以通过造谣、散布谣言等方式说服周围同学对被欺凌者进行孤立和排挤，使得被欺凌者被拒绝在同辈团体之外。因此在社交欺凌表现形式多样的情况下，正确识别这种欺凌类型至关重要。

识别社交欺凌的关键在于观察被欺凌者的社交环境以及对应的行为变化。例如，一个学生突然被同伴孤立，抑或在团体活动中被故意排除在外，这可能就是社交欺凌的迹象，被欺凌者可能会出现对学校活动不感兴趣、学习成绩下降、情绪波动或自我价值感降低等情况。在某些情况下，被欺凌者还可能会回避社交场合，甚至出现逃避上学的行为。

值得注意的是，社交欺凌并不总是显而易见的，而是可能隐藏在看似无害的互动中，或者在社交媒体中出现。因此，识别社交欺凌需要成年人，特别是家长和老师具备敏锐的观察力，提高对被欺凌者情绪变化的关注。在某些情况下，社交欺凌中的被欺凌者可能不会主动寻求帮助，因为他们可能没有意识到自己正在遭受欺凌，或者害怕因揭露欺凌行为而遭受更严重的排斥。

2.社交欺凌的特征

（1）隐蔽性

社交欺凌之所以难以被察觉，是因为其通常隐藏在看似无害的日常互动中，不像言语欺凌或肢体欺凌那样直接。社交欺凌往往包括排挤、孤立、散布谣言或通过网络进行的隐蔽攻击等多种形式，且往往发生在老师和家长的视线之外，因此对社交欺凌进行识别和干预变得非常复杂。有时社交欺凌并不总是显而易见，还可能被误解为同学之间的关系发生变化，造成的痛苦也具有模糊性。即使被欺凌者把这种痛苦明确地表达出来，欺凌者也可以用"反正你本来也没想去参加活动"等话语轻而易举地驳回，通过否认或淡化行为的严重性来逃避责任。

（2）普遍性

普遍性体现在社交欺凌可以发生在任何有人际交往的环境中，不论是在校园的操场、教室，还是在网络的虚拟空间，只要有人际交往的地方都可能成为滋生社交欺凌的土壤，几乎每个学生在成长过程中都可能遭遇、目睹过社交欺凌事件。

（3）被动性

欺凌者往往拥有一定的个人魅力，有的人甚至是学生干部，这就导致被欺凌者处于被动地位，没有能力或资源来改变受排挤的局面。这种被动性进一步加剧了被欺凌者的困境，使之很难掌控或预测欺凌者下一步的社交欺凌行为。欺凌者常常利用不对等的社交力量，操纵人际关系来加强对被欺凌者的欺凌，造成被欺凌者陷入自我怀疑，不断尝试重新融入集体，却总是徒劳无功的恶性循环。

（4）影响的持续性

当学生步入初中阶段，生理、心理、情感和性征都随之在这个时期发生很大的变化。在探寻"我是谁"的时期，学生努力融入同龄群体，因此中学时期是社交欺凌发生的高峰期，但这一时期对被欺凌者造成的影响并不会因时间流逝而消减。社交欺凌造成被欺凌者无从改变自身所处的境况，造成的心理创伤可能长期存在，在建立新的友谊和信任他人时感到困难，甚至可能在成年后的社交场合中重现这种被欺凌的恐惧，导致在社交互动中退缩，无法充分享受社交活动带来的益处。

3. 社交欺凌的危害

（1）自我价值的侵蚀

社交欺凌对个体自我价值感的侵蚀是显著的。被欺凌者在反复的负面评价和排斥中开始质疑自己的价值，感到被边缘化和不被尊重，而这种持续的自我怀疑又会导致被欺凌者的自信心受损，影响参与社交活动的积极性。长此以往，被欺凌者不仅无法消化这些负面信息，影响自我认同和自我效能感，还会在社交活动中变得消极被动，不愿意展现自己。

（2）信任基础的瓦解

社交欺凌常常涉及信任关系的背叛，被欺凌者对外界的信任感会受到严重破坏。而这种信任瓦解在影响当前人际关系的同时，还会长期影响被欺凌者与他人建立深层次联系的能力。被欺凌者在以后的社交活动中会对他人的意图持有怀疑态度，并变得对参加社交活动过分谨慎，从而难以形成稳定的信任关系。

（3）心理健康的深远影响

社交欺凌不仅会导致被欺凌者出现悲伤、愤怒等情绪波动，干扰日常生活，影响学习和社交能力的发展，还会使其发展出一种悲观的世界观，对任何事物均感到无助，甚至感到绝望。二者叠加，则被欺凌者容易出现抑郁、焦虑等心理健康问题。

（4）社交能力的削弱

被欺凌者长期遭受社交欺凌，社交能力会受到大幅削弱。具体而言，社交欺凌所造成的负面体验会使被欺凌者在社交活动中变得越发不安，这种能力的退化会削弱他们未来建立和维护人际关系的能力，而社交能力的弱化会导致被欺凌者发展出社交焦虑，因害怕参与社交活动而减少与他人的互动，影响被欺凌者的社会融入。

（5）校园文化的负面影响

社交欺凌的持续存在侵蚀了校园内的和谐与尊重氛围，甚至还可能助长其他欺凌行为的产生与发展，导致恶性循环，进一步阻碍校园和谐氛围的建立。随着嘲讽、歧视和排斥成为常态，学生对学校生活的热情会逐渐被消极情绪所取代，可能会萌生逃避上学的念头。长期处于这样的环境，学生对教育的好奇心会削减，求知欲会逐渐消退，学业成绩也可能因此受到影响。

二、社交欺凌的应对

1. 当事人应对社交欺凌的正确做法

（1）保持平常心

遭受社交欺凌时，首先要做到的是用一颗平常心看待这件事情，更好地认识自己，不要因为这件事情影响情绪。

（2）主动与人交往

在面对一群同学故意排挤的情况时，切记不能有"他们不跟我玩，我也不跟他们玩""他们说我坏话，我也说他们坏话"的报复心理，而应当找适当的机会询问原因并积极调整自己。如果老师和家长在得知事情的前因后果之后都认为你并没有做错，鼓励你以积极阳光的状态去改变现状，欺凌者却不愿意接受并加重了社交欺凌的程度时，应当把自己经历的事情及心情的变化告知家人和老师，让他们帮助分担消极情绪，并及时进行干预。

（3）做好自己该做的事情

不管发生什么不开心的事情，要清楚自己身上的责任。作为一名学生应该把学习放在第一位，用知识武装自己，还可以进行适当的运动，培养新的兴趣爱好。当你越来越优秀时，就会变得越来越有吸引力，这个时候你会发现身边的朋友越来越多。

2. 其他主体面对社交欺凌的正确做法

应对社交欺凌需要学校、家庭、社会和媒体等多方的合作。建立一个多方合作的网络，通过共享资源、信息，以及采取相应的预防策略，可以更有效地预防和应对社交欺凌，为被欺凌者提供更全面的支持，创设更安全和包容的社交环境。

（1）学校应建立预防及干预机制

学校应将社交欺凌的预防、人际交往技能纳入课程和校园文化中。通过角色扮演和团队建设活动，培养学生的同理心，让他们理解尊重他人的重要性。同时，学校需要建立一个有效的干预机制，对学生开展社交欺凌识别的培训，确保学生知道该如何应对社交欺凌，为被欺凌者提供及时的支持和资源。学校要鼓励学生参与课外活动，培养社交技能和团队精神，以减少社交欺凌行为的发生。

（2）家长应与孩子、学校积极交流

家长在预防和干预社交欺凌中扮演着关键角色，需要与孩子保持积极的沟通，了解其在学校的社交经历和感受，教育孩子正确识别和应对社交欺凌，包括鼓励孩子在遇到问题时寻求帮助。此外，家长应与学校保持紧密联系，共同为孩子创造一个安全的成长环境。

（3）其他主体应积极承担社会责任

社区和媒体也应在应对社交欺凌中承担一定责任。居委会、街道等可以通过组织公共教育活动提高学生和家长对社交欺凌的认识。媒体则应负责任地报道社交欺凌事件，避免过度渲染或忽视问题的严重性，加强预防和应对社交欺凌方式的宣传。社交媒体平台应加强监管，为青少年学生提供安全且积极的在线社交环境。

案例解析

　　欣欣和包括小霞在内的几个要好的女生平时常常在一起玩，关系密切，形成了一个小团体。假期中欣欣和小燕一起学围棋，关系越来越好。开学后，欣欣想让小燕也加入他们的小团体一起玩，这让小霞感到不悦，联合其他女生威胁说如果想让小燕加入，欣欣也就不要一起玩了。面对小团体的压力，欣欣感到迷茫，开始反思这个团队的行为，经常嘲笑非团体成员、对不喜欢的同学态度恶劣，这是不正确的。于是欣欣将自己的想法告诉了妈妈，与妈妈的谈话也让欣欣意识到应当建立正确的社交关系，于是她退出了小团体。后来那个小团体中的一些女生也体会到了欣欣之前的感受，于是也纷纷退出了小团体。

　　1.回想一下，你有组织或参加过什么小团体吗？

　　2.你觉得参加小团体是好是坏，原因是什么？

法条链接

《中小学教育惩戒规则（试行）》第七条

学生有下列情形之一，学校及其教师应当予以制止并进行批评教育，确有必要的，可以实施教育惩戒：

（一）故意不完成教学任务要求或者不服从教育、管理的；

（二）扰乱课堂秩序、学校教育教学秩序的；

（三）吸烟、饮酒，或者言行失范违反学生守则的；

（四）实施有害自己或者他人身心健康的危险行为的；

（五）打骂同学、老师，欺凌同学或者侵害他人合法权益的；

（六）其他违反校规校纪的行为。

学生实施属于预防未成年人犯罪法规定的不良行为或者严重不良行为的，学校、教师应当予以制止并实施教育惩戒，加强管教；构成违法犯罪的，依法移送公安机关处理。

《未成年人学校保护规定》第二十一条

教职工发现学生实施下列行为的，应当及时制止：

（一）殴打、脚踢、掌掴、抓咬、推撞、拉扯等侵犯他人身体或者恐吓威胁他人；

（二）以辱骂、讥讽、嘲弄、挖苦、起侮辱性绰号等方式侵犯他人人格尊严；

（三）抢夺、强拿硬要或者故意毁坏他人财物；

（四）恶意排斥、孤立他人，影响他人参加学校活动或者社会交往；

（五）通过网络或者其他信息传播方式捏造事实诽谤他人、散布谣言或者错误信息诋毁他人、恶意传播他人隐私。

学生之间，在年龄、身体或者人数等方面占优势的一方蓄意或者恶意对另一方实施前款行为，或者以其他方式欺压、侮辱另一方，造成人身伤害、财产损失或者精神损害的，可以认定为构成欺凌。

《中华人民共和国民法典》第九百九十条

人格权是民事主体享有的生命权、身体权、健康权、姓名权、名称权、肖像权、名誉权、荣誉权、隐私权等权利。

除前款规定的人格权外，自然人享有基于人身自由、人格尊严产生的其他人格权益。

《中华人民共和国民法典》第九百九十一条

民事主体的人格权受法律保护，任何组织或者个人不得侵害。

《中华人民共和国民法典》第九百九十五条

人格权受到侵害的，受害人有权依照本法和其他法律的规定请求行为人承担民事责任。受害人的停止侵害、排除妨碍、消除危险、消除影响、恢复名誉、赔礼道歉请求权，不适用诉讼时效的规定。

《中华人民共和国民法典》第一千零二十四条

民事主体享有名誉权。任何组织或者个人不得以侮辱、诽谤等方式侵害他人的名誉权。

《中华人民共和国治安管理处罚法》第五十条

有下列行为之一的，处五日以下拘留或者一千元以下罚款；情节较重的，处五日以上十日以下拘留，可以并处一千元以下罚款：

（一）写恐吓信或者以其他方法威胁他人人身安全的；

（二）公然侮辱他人或者捏造事实诽谤他人的；

（三）捏造事实诬告陷害他人，企图使他人受到刑事追究或者受到治安管理处罚的；

（四）对证人及其近亲属进行威胁、侮辱、殴打或者打击报复的；

（五）多次发送淫秽、侮辱、恐吓等信息或者采取滋扰、纠缠、跟踪等方法，干扰他人正常生活的；

（六）偷窥、偷拍、窃听、散布他人隐私的。

有前款第五项规定的滋扰、纠缠、跟踪行为的，除依照前款规定给予处罚外，经公安机关负责人批准，可以责令其一定期限内禁止接触被侵害人。对违反禁止接触规定的，处五日以上十日以下拘留，可以并处一千元以下罚款。

·（课后练习）·

1. 根据自己在学校中的亲身经历或观察，回想一下是否有过被孤立、被排斥的情况发生？试着描述一下该事件，并思考是什么因素导致这些行为的发生。

2. 如果发现自己正身处与小燕类似的情境中，被同学错误地排斥或误解，你会采取哪些具体措施来改善社交状况并寻求支持？

3. 学校可以做些什么来预防社交欺凌的发生？为增进同学间的友谊和理解提出一些建设性的策略或活动建议。

第十讲　如何应对网络欺凌

课程导读

　　故意通过各种网络媒介散播伤害特定人的文字、图片、语音信息或视频等，进行造谣或者诋毁，或传播特定人隐私就可能构成网络欺凌。现实生活中，通过社交媒体、聊天工具等与同学互动已经成为常态，然而网络是一柄双刃剑，带来了网络欺凌、网络沉迷、网络诈骗等诸多问题，其中网络欺凌的危害不仅包括言语上的攻击，还有可能对学生心理和情感造成严重的影响。本讲将学习什么是网络欺凌，探讨网络欺凌的危害，学会如何应对这种欺凌行为。

情景引入

　　欣欣是一位性格开朗的女生，有时会在社交媒体上分享自己的生活。有一天，小霞等一些同学开始在她的照片下恶意评论，说她穿得"很老土"，并嘲笑她的长相。后来欣欣发现有人在班级群里散布关于她的谣言，甚至会有人私信辱骂她。欣欣感到非常委屈，不想再看朋友圈，也不愿意向家长或老师求助。随着时间的推移，她开始变得焦虑抑郁，不愿意再使用社交媒体，变得沉默寡言。

想一想

1. 欣欣的经历是否属于网络欺凌？为什么？

2. 在上述故事中，出现了哪些不同的角色？他们分别采取了什么行为？

一、网络欺凌的定义与形成机制

1. 什么是网络欺凌

网络欺凌指使用电脑、手机、平板电脑等电子设备，利用社交媒体、即时通信工具等，在互联网上故意进行造谣、诋毁、散播隐私等欺凌行为。网络欺凌行为会对被欺凌者的心理健康造成很大的伤害。

网络欺凌的常见形式有：

（1）散布虚假信息：恶意编造和传播关于他人的谣言或不实信息，破坏他人的声誉；

（2）恶意评论和侮辱：在社交媒体或公共平台上发表伤害性言论，攻击他人的外貌、行为或个性等；

（3）身份冒用：冒充他人发布不当内容，损害被欺凌者的声誉；

（4）网络威胁：通过网络发送恐吓或威胁，给被欺凌者带来心理压力；

（5）隐私侵犯：未经许可，发布被欺凌者的私人信息或照片，甚至以此进行威胁。

2. 网络欺凌的形成机制

网络欺凌的形成通常与多种心理和社会因素相关，其中群体效应、匿名性和无法预见是造成网络欺凌泛滥的重要原因。

（1）群体效应

在社交平台或游戏中，当一群人开始欺凌某个对象时，其他人可能会跟风参与。即使这些人平时并不会欺负他人，但在群体中他们的责任感被稀释，从而产生更加大胆的行为，这种效应在网络环境下表现得尤为明显。

（2）匿名性

网络的匿名性使得很多人在没有现实身份约束的情况下敢于做出不负责任的行为。匿名的网络身份让他们觉得自己不会被发现，因此更容易发布伤害性言论。这种状态在心理学中被称为"去个性化效应"，即在虚拟空间中失去了对自己行为的认同感和责任感，从而更加随意地进行攻击。

（3）无法预见

在网络上，用户常常无法看到被欺凌者的即时反应，这让欺凌者更容易忽视自己的行为对他人带来的伤害。这种现象使得欺凌行为在网络环境中频繁发生，因为欺凌者无法预见自身行为可能产生的后果。

二、网络欺凌的情境细分与危害

1. 网络欺凌的情境细分

网络欺凌发生在不同的网络平台上，形式各异。理解这些不同情境下的欺凌方式，对于有效应对欺凌非常重要。

（1）社交媒体上的欺凌

社交媒体（如微博、QQ 空间等）是网络欺凌最常见的平台。在这些平台上，欺凌行为常常表现为发布侮辱性评论、嘲笑被欺凌者的照片或视频、散布虚假信息等方式。由于社交媒体具有公开性和传播性，一条恶意评论或谣言可能会迅速扩散，导致更多人参与到欺凌行为中。

（2）在线游戏互动中的欺凌

在线游戏也是网络欺凌的高发场景。玩家之间的互动不局限于游戏内的对战，还包括游戏中的语音聊天、文字信息等，这为一些学生提供了欺凌的机会。

（3）视频分享平台上的欺凌

在视频分享平台（如抖音、小红书、B 站等）上，欺凌行为可能通过恶意评论、恶搞视频等方式进行。被欺凌者的个人信息或照片被篡改或公开发布后，可能遭遇大规模的网络围攻。

2. 网络欺凌的危害

初中生正处于学习成长的关键阶段，网络欺凌会对其产生非常严重的影响，造成巨大的危害。

（1）精神上的危害

网络欺凌给初中生带来沉重的思想压力，往往会导致其自尊心受损、自我认同感动摇，甚至出现精神萎靡的状况，长期的心理压力还可能引发更深层次的心理问题，如自卑、抑郁和焦虑。由于欺凌行为多发生在同龄人之间，被欺凌者可能会对人际关系产生不信任，不愿意使用网络，甚至性格发生负面转变，带来其他严重后果。

（2）学业的负面影响

在遭受网络欺凌后，初中生的学业表现往往受到明显影响。欺凌事件的干扰使得学生难以集中精力学习，学习成绩可能因此下降，影响学习的兴趣和动力，进而影响未来的发展。

（3）其他不利影响

网络欺凌还可能破坏初中生的社交关系和网络环境的和谐。被欺凌者可能会因为害怕遭受进一步的欺凌而选择退出某些社交活动或网络平台，失去与同伴、他人交流和学习的机会。这种行为不仅影响个人的社会交往，还可能对整个网络社区的氛围产生负面影响。

三、网络欺凌的预防与应对

网络欺凌的防范和应对需要多方面的结合，学生不仅要了解如何通过技术手段和法律途径保护自己，更要培养自己的网络伦理，在使用网络时对自己的行为负责，做一个有素养的"数字公民"。

1. 如何预防网络欺凌

（1）使用相应的技术手段

在遭遇网络欺凌时，使用技术手段可以帮助学生有效保护自己。比如在社交平台上使用隐私设置，确保个人信息不被非法使用，这不仅是为了防范欺凌，也是出于对自己隐私的保护。当然要注意在使用这些技术手段时应具备网络伦理意识，不能滥用互联网功能进行报复或进一步的攻击。上述技术手段不仅是自我保护的工具，还是网络使用者履行网络责任的一部分。

（2）进行网络伦理教育，培养数字公民素养

网络伦理教育是学会负责任地使用网络的关键部分。网络上的每个行为都可能对他人产生影响，负责任地使用网络不仅能保护好自己，还能更好地顾及其他人的正当权利。每个人在网络上的言行都会影响到他人，在发布评论、分享信息之前，应考虑：我的言论是

否会伤害到别人？我的"玩笑"是否可能会让人感到尴尬或受伤？我是否在利用网络的匿名性，做了现实生活中不会做的事情？

在网络空间，言语也是有力量的，要学会为自己的言行负责，避免给他人带来不必要的伤害。网络世界中的每个人都应当尊重他人的隐私和权益。不要随意发布、评论他人的私人照片或视频，也不要在没有经过他人同意的情况下分享他人的私人信息。尊重他人隐私是网络伦理的核心原则。在网络上，虚假信息和谣言可能会迅速传播，给他人造成难以承受的心理负担，应该学会辨别信息的真实性，不随意转发未经证实的内容，避免成为网络欺凌的帮凶。

2. 如何应对网络欺凌

（1）善于利用屏蔽和举报功能

面对网络欺凌时，最有效的应对方法之一是利用屏蔽功能，阻止欺凌者继续骚扰。与此同时，可以使用举报功能，向平台管理员报告欺凌行为，要求平台采取措施进行处理。需要注意的是，举报应该基于欺凌的事实，不得恶意举报。

（2）保存好网络欺凌的证据

面对持续的网络欺凌，保存好聊天记录、截图、视频等证据非常重要。这不仅能够帮助被欺凌者向平台或学校申诉，还能在必要时提供给法律机构。注意在保存证据的同时也要尊重隐私，避免二次传播，防止欺凌升级。

（3）寻求法律保护

在遇到网络欺凌时，可以向学校报告，学校有责任为学生提供安全的学习环境。班主任或学校可以介入调查，并根据校规校纪进行处理。学校应教育学生负责任地使用网络，这不仅是为了保护自己，更是为了保护其他同学。

对于严重的网络欺凌事件，被欺凌者及其家长可以寻求法律途径解决问题。法律不仅是惩罚欺凌者的工具，还是维护网络空间公正和安全的机制。学生在了解法律援助的同时，也应认识到自己在网络中的行为要遵守法律，不侵犯他人权利。

在网络欺凌事件中，如果欺凌者的行为威胁到人身安全（如发布威胁性信息）或严重侵犯隐私（如散布私人照片），被欺凌者应当报警，警方可以依据网络记录等证据介入调查。学生要意识到，网络空间并不是一个无规则的地方，法律对网络中的不法行为也有明确的约束。

通过法律途径的求助，学生不仅能够学习如何维护自己的合法权益，还能理解在网络空间中遵守法律、尊重他人的重要性。

案例解析

小楠喜欢在社交平台上分享自己的日常生活和兴趣爱好。有一天，小楠在朋友圈发布了一张自己参加绘画比赛的照片，并配文表达了自己对绘画的热爱。没想到，这条动态引来了同班同学大名及其几个朋友的恶意评论。大名等人在评论区嘲笑小楠的绘画水平，说他画得难看还敢拿出来展示，甚至编造说小楠的这幅画是抄袭的。这些恶意评论迅速在同学之间传播开来，很多不明真相的同学也跟风参与到这场攻击中。小楠看到这些评论后，感到非常难过和委屈，精神状态不佳，产生了严重的自我怀疑。

1. 在本案例中小楠受到了哪些形式的网络欺凌？

2. 分析造成这次网络欺凌事件的根源可能有哪些？

3. 假如你是小楠，会如何利用本讲中学到的方法应对这次网络欺凌？

法条链接

《中华人民共和国网络安全法》第十二条第二款

任何个人和组织使用网络应当遵守宪法法律，遵守公共秩序，尊重社会公德，不得危害网络安全，不得利用网络从事危害国家安全、荣誉和利益，煽动颠覆国家政权、推翻社会主义制度，煽动分裂国家、破坏国家统一，宣扬恐怖主义、极端主义，宣扬民族仇恨、民族歧视，传播暴力、淫秽色情信息，编造、传播虚假信息扰乱经济秩序和社会秩序，以及侵害他人名誉、隐私、知识产权和其他合法权益等活动。

《未成年人网络保护条例》第二十六条第一款

任何组织和个人不得通过网络以文字、图片、音视频等形式，对未成年人实施侮辱、诽谤、威胁或者恶意损害形象等网络欺凌行为。

《网络暴力信息治理规定》第七条

网络信息服务提供者应当履行网络信息内容管理主体责任，建立完善网络暴力信息治理机制，健全用户注册、账号管理、个人信息保护、信息发布审核、监测预警、识别处置等制度。

《中华人民共和国未成年人保护法》第七十一条

未成年人的父母或者其他监护人应当提高网络素养，规范自身使用网络的行为，加强对未成年人使用网络行为的引导和监督。

未成年人的父母或者其他监护人应当通过在智能终端产品上安装未成年人网络保护软件、选择适合未成年人的服务模式和管理功能等方式，避免未成年人接触危害或者可能影响其身心健康的网络信息，合理安排未成年人使用网络的时间，有效预防未成年人沉迷网络。

《中华人民共和国未成年人保护法》第七十七条

任何组织或者个人不得通过网络以文字、图片、音视频等形式，对未成年人实施侮辱、诽谤、威胁或者恶意损害形象等网络欺凌行为。

遭受网络欺凌的未成年人及其父母或者其他监护人有权通知网络服务提供者采取删除、屏蔽、断开链接等措施。网络服务提供者接到通知后，应当及时采取必要的措施制止网络欺凌行为，防止信息扩散。

·（课后练习）·

1. 你是否在网络中见过类似欣欣的经历？请分析各类角色。

2. 在网络欺凌事件中应该如何避免自己或他人受到伤害？

图书在版编目(CIP)数据

学生欺凌预防教育指南 ：初中版 ／ 上海预防中小学
生欺凌三年专项计划（2021—2023）项目组编 ；任海涛
主编. －－ 上海 ：上海人民出版社，2025. －－（"上海预
防中小学生欺凌三年专项计划"成果系列丛书）.

ISBN 978-7-208-19602-5

Ⅰ. G637.4

中国国家版本馆 CIP 数据核字第 2025QS3061 号

责任编辑　冯　静　宋　晔
装帧设计　未了工作室　朱静蔚

"上海预防中小学生欺凌三年专项计划"成果系列丛书

学生欺凌预防教育指南(初中版)

上海预防中小学生欺凌三年专项计划(2021—2023)项目组　编
任海涛　主编

出　　版　上海人民出版社
　　　　　 (201101　上海市闵行区号景路 159 弄 C 座)
发　　行　上海人民出版社发行中心
印　　刷　上海中华印刷有限公司
开　　本　787×1092　1/16
印　　张　6.5
字　　数　100,000
版　　次　2025 年 8 月第 1 版
印　　次　2025 年 8 月第 1 次印刷
ISBN 978-7-208-19602-5/G·2220
定　　价　56.00 元